AF457238

SOUS-ARRONDISSEMENT
de Saint-Servan

MARINE & COLONIES

ANNÉE
1872

# PÊCHE DE LA MORUE



## PROCÈS-VERBAL

### DES OPÉRATIONS DE L'ASSEMBLÉE DES ARMATEURS RÉUNIS A SAINT-SERVAN, LE 5 JANVIER 1872, POUR LE TIRAGE GÉNÉRAL DES PLACES DE PÊCHE A LA COTE DE TERRE-NEUVE

Aujourd'hui, 5 janvier 1872, à onze heures du matin, MM. les armateurs et les capitaines des navires destinés pour la pêche de la morue à l'île de Terre-Neuve, se sont réunis, en vertu de convocations spéciales, dans la salle du Conseil d'administration du port de Saint-Servan, sous la présidence de M. DANGUILLECOURT, commissaire, chef du service de la marine, officier de la Légion-d'Honneur.

Le président, ayant déclaré la séance ouverte, s'est exprimé en ces termes :

« MESSIEURS,

» Appelé, pour la première fois, à l'honneur de présider cette assemblée, j'ai grand besoin de votre in-
» dulgence. Elle m'est d'autant plus nécessaire que je ne suis pas encore entièrement familiarisé avec
» les questions qui vont s'agiter dans notre réunion. Enfin, Messieurs, j'espère que, grâce à votre con-
» cours bienveillant, je pourrai diriger vos débats et que nous arriverons au but que nous cherchons
» tous à atteindre, c'est-à-dire l'intérêt général. Quant à moi, je ne puis que vous donner l'assurance de
» mes meilleures dispositions.

» Veuillez maintenant, Messieurs, procéder à l'élection des membres du bureau, selon la forme et
» dans la proportion d'usage, pour chacune des baies de Saint-Malo-Saint-Servan, Saint-Brieuc et
» Granville. »

Ont obtenu, au scrutin, la majorité absolue des voix :

Pour Saint-Malo-Saint-Servan. MM. LEMOINE et M. GUIBERT ;
— Saint-Brieuc.......... MM. V. ROUXEL et J. LE POMELLEC.

En ce qui touche la baie de Granville, le seul armateur de cette baie qui fût présent, M. RIOTTEAU, a été admis, de droit, à prendre place au bureau, avec les autres délégués.

Le bureau se trouvant ainsi constitué, le président a invité l'assemblée à désigner les trois arbitres appelés à statuer sur les amendes qui pourraient être prononcées, en vertu de l'art. 13 du décret du 2 mars 1852-22 mars 1862.

M. J. LE POMELLEC a fait remarquer qu'à la séance du 5 janvier 1867, deux des arbitres avaient été pris parmi les armateurs de Saint-Brieuc, en raison de leur supériorité numérique sur ceux de Saint-Malo-Saint-Servan auxquels le choix du troisième avait, d'ailleurs, été réservé, la baie de Granville ne comptant qu'un seul armateur; que telle étant encore la situation actuelle, la même règle lui paraissait devoir être suivie.

C'est dans cet ordre d'idées qu'a eu lieu le vote de l'assemblée.

Ont été nommés, au scrutin secret :

MM. J. Le Pomellec ;
V. Rouxel;
M. Guibert.

Avec l'assentiment de l'assemblée, M. Lossieux, commis du commissariat de la marine, a été désigné par le président pour remplir les fonctions de secrétaire.

Le président annonce qu'il va donner lecture d'un rapport de M. le Commandant de la subdivision navale de Terre-Neuve sur les résultats de la dernière campagne de pêche, mais que ce document contenant des appréciations et des propositions sur l'objet desquelles le Ministre de la marine a prescrit de consulter l'assemblée, lecture en sera successivement faite, paragraphe par paragraphe, afin de permettre aux armateurs de formuler, au fur et à mesure, telles observations et conclusions qu'ils jugeront convenables.

Il est alors procédé, de la manière indiquée, à la lecture du rapport dont il s'agit, et voici, avec les observations qu'ils ont provoquées, les divers passages sur lesquels s'est principalement arrêtée l'attention des armateurs.

## 1° CORRESPONDANCE.

« Je suis loin de méconnaître tout l'intérêt que peuvent avoir les armateurs à être informés, à l'avance, des » résultats de la pêche et à faire parvenir, en temps utile, des ordres à leurs capitaines; mais il faut considérer, d'un autre côté, que les obligations de la station sont nombreuses et qu'il ne lui est pas possible, » telle qu'elle est composée, de les remplir toutes convenablement, si les bâtiments sont presqu'exclusive- » ment employés au transport de la correspondance.........................................................

..........................................................................................

» Si l'on impose, comme premier devoir, au commandant de la station le soin d'assurer une protection » efficace à nos pêcheurs, il faut lui laisser la libre disposition de ses moyens, afin qu'il puisse remplir à cet » égard les intentions de l'administration supérieure.

» A moins donc de modifications ultérieures dans la composition de la subdivision, il y aura lieu de la » limiter à un seul courrier par mois. Je suis persuadé, d'ailleurs, qu'en se renfermant dans ces limites, » aucun intérêt vraiment important ne restera en souffrance. »

M. E. Blaize dit qu'il serait bien utile de recevoir promptement et souvent des nouvelles; dans l'intérêt des opérations de pêche, il demande l'augmentation du nombre des bâtiments composant la subdivision navale de Terre-Neuve.

Sur l'observation faite par le président que les circonstances ne se prêtent guère à un accroissement de nos forces navales, cet armateur n'insiste pas.

Au surplus, ajoute M. J. Le Pomellec, ce n'est qu'au début de la campagne que l'échange de la correspondance est réellement important, et, dans la dernière période, il suffit amplement d'un courrier par mois.

M. M. Guibert partage cette manière de voir. Préoccupé de faciliter, à l'époque où elles sont utiles, les relations des armateurs avec leurs capitaines, il désirerait qu'aussitôt après son arrivée à Sydney et à Saint-Jean, le commandant de la subdivision navale de Terre-Neuve en informât, par le télégraphe, le Ministre de la marine, et que cet avis fût, par S. Exc., transmis aux autorités maritimes des ports d'expédition, pour être communiqué aux intéressés. Prévenus à temps, les armateurs seraient ainsi en mesure de faire parvenir, par la voie télégraphique et directement, au commandant de la subdivision navale de Terre-Neuve des instructions dont celui-ci assurerait l'envoi aux capitaines destinataires.

L'assemblée toute entière s'associe à cette motion, en priant le président de vouloir bien la soumettre au Ministre de la marine comme l'expression d'un vœu auquel les armateurs seraient heureux qu'il pût être satisfait.

## 2° PÊCHE DU HARENG

« La pêche du hareng, qui demande si peu d'efforts et qui rapporte de très-beaux bénéfices, n'est cependant » pas en grande faveur auprès de nos armateurs. Les seuls bâtiments de Port-au-Choix et de l'île » Saint-Jean la pratiquent, sur une petite échelle, à la fin de la saison, alors que la pêche de la morue est » terminée. Elle peut être estimée, cette année, à une moyenne de 800 barils par navire. »

M. L. Villeféron jeune. — « Il faudrait alors admettre en franchise le hareng de pêche française, tandis » que ce poisson est aujourd'hui frappé de droits d'entrée que j'ai eu moi-même l'occasion d'acquitter » à Saint-Brieuc. »

MM. M. Guibert et V. Rouxel nient l'existence de ces droits, et, sur les affirmations réitérées de M. L. Villeféron jeune que le paiement en a été exigé de lui par l'administration des douanes, « c'est évidemment, » lui répondent-ils, « parce que vous n'avez pas représenté de certificat d'origine et que le » hareng introduit par vous a dû, par suite, être réputé de pêche étrangère. Il fallait vous mettre en » règle. »

S'il en est ainsi, le même armateur s'étonne qu'une distinction soit établie entre les divers produits de la pêche nationale, et il réclame, pour le hareng, la même liberté d'importation que pour la morue dont il n'est pas besoin de justifier la provenance.

En ce qui concerne la côte Est, M. J. Le Pomellec considère la pêche du hareng comme inconciliable avec celle de la morue. Si l'on détruit le capelan et le hareng qui attirent la morue à Terre-Neuve et dont on se sert comme principal appât, — et cet armateur trouve qu'on en prend déjà beaucoup trop, — il faut renoncer à la pêche de la morue.

Dans l'opinion de MM. M. Guibert et Lemoine, la pêche du hareng ne peut être qu'accessoire, à la côte Ouest, attendu qu'on ne saurait s'y livrer, dans tous les cas, qu'après que celle de la morue est entièrement terminée, c'est-à-dire vers l'automne. Ce serait, en effet, à cette époque seulement que le hareng aurait acquis assez de consistance pour pouvoir être conservé.

## 3° SAUMONNERIES

« L'exploitation des saumonneries va toujours en décroissant. Sur quatre concédées au dernier tirage, » deux seulement se trouvent avoir été occupées cette année.

.................................................................................................

» Les capitaines ne cessent d'élever des plaintes, le plus souvent mal fondées, contre les riverains qui » entraveraient les opérations, et je suis porté à croire qu'ils n'agissent ainsi que dans le but de se mettre à » couvert vis-à-vis de leurs armateurs, lorsqu'ils font une mauvaise pêche.

» J'en ai la preuve dans la lettre que m'a écrite le capitaine L..., pour m'informer que des Anglais s'étaient » établis à Mal-Baie, avec l'intention d'y faire la pêche, et que, si nous les tolérions sur ce point, il lui serait » désormais impossible de continuer son exploitation.

» Il ressort des renseignements recueillis, sur les lieux, par le capitaine du *Destaing*, de la bouche même » du chef de la saumonnerie, que deux Anglais de Portland, que ce dernier connaît, lui avaient, en effet, » manifesté le désir de venir à Mal-Baie, et qu'il serait heureux de les voir s'y fixer. Quant aux établissements annoncés, il n'en existe aucun. »

Si l'on délaisse les saumonneries, assure M. J. Le Pomellec, c'est uniquement parce qu'elles sont improductives. Cet armateur en aurait fait personnellement l'expérience; pendant deux années, il aurait exploité une saumonnerie, et l'opération se serait traduite, pour lui, par une perte d'argent.

Le président exprime la crainte que les Anglais ne profitent de l'abandon de ces établissements pour s'en emparer, et il déplore ce résultat dont la gravité ne saurait échapper aux armateurs.

C'est alors qu'un capitaine, — probablement le même que celui dont il est question dans le rapport

du commandant de la subdivision navale de Terre-Neuve, — se plaint d'avoir été troublé dans l'exploitation de la saumonnerie de Mal-Baie, à la côte Ouest. Ce navigateur expose que les Anglais se sont, à la vérité, retirés, au mois de septembre, devant l'injonction du capitaine du *Destaing*, venu sur les lieux à cet effet, mais que, dès le 14 octobre, ils avaient reparu, en manifestant l'intention, non seulement de se livrer à la pêche, mais encore de construire des établissements.

M. M. Guibert. — « Nos droits à l'île de Terre-Neuve sont limités à la saison de pêche. »

## 4° HAROUELLES

« Dans la plupart des havres de la côte Est, les pêcheurs ont renoncé à l'emploi des harouelles. Plusieurs » capitaines prétendent que ces engins ne servent qu'à éloigner le poisson des fonds où ils sont tendus. A la » côte Ouest, au contraire, les lignes de fond sont très en faveur et n'ont jamais donné lieu à une remarque » aussi extraordinaire. Il me semble, en effet, difficile d'admettre que la morue change de mœurs, à mesure » qu'elle se déplace. »

Le président prévient l'assemblée qu'il a plusieurs communications spéciales à lui faire au sujet des harouelles; il croit donc préférable de réserver la question pour le moment où elle pourra être plus utilement mise en discussion.

## 5° SITUATION DES PLACES DE PÊCHE

« J'ai eu l'occasion de constater, dans mes différentes inspections, que beaucoup d'établissements laissaient » à désirer, sous le rapport de l'entretien. Le règlement dit bien que les concessionnaires sont tenus de les » maintenir en bon état, mais il n'ajoute aucune mesure propre à assurer cette prescription. »

Tout en reconnaissant qu'à cet égard il est bien difficile de définir les obligations des capitaines, le président croit devoir consulter l'assemblée sur l'opportunité de compléter le règlement par l'addition d'une disposition pénale.

Suivant quelques armateurs, et notamment M. V. Rouxel, les concessionnaires sont les premiers intéressés à entretenir convenablement leurs places, et on ne peut que les laisser juges des meilleurs moyens à employer. D'un autre côté, en présence de l'impossibilité de constater suffisamment le caractère délictueux du fait qu'il s'agirait d'atteindre, toute disposition pénale resterait à l'état de lettre morte, ou l'application n'en serait, le plus souvent, qu'arbitraire.

Par ces considérations, l'assemblée n'aperçoit aucune mesure pratique qui puisse être adoptée, dans la circonstance.

## 6° CHIRURGIENS

« Les armateurs étaient dispensés, cette année, en raison des circonstances de guerre, de l'obligation » d'embarquer un chirurgien sur les navires ayant quarante hommes d'équipage et au-dessus. Néanmoins, » dans tous les havres un peu importants, il se trouvait un officier de santé ou un équivalent.

» Grâce à la salubrité exceptionnelle du climat de Terre-Neuve et malgré le rude métier qu'ils font et » qui devrait les prédisposer à des maladies de toutes sortes, les pêcheurs jouissent d'une bonne santé et » n'ont pas besoin de recourir souvent à l'assistance du médecin.

» Les seules affections courantes sont des panaris et des blessures. »

« Donc, » s'écrient, à la fois, tous les armateurs membres du bureau, « il n'y a pas besoin de chirurgiens, » et cette observation est répétée, dans l'assemblée.

Les arguments présentés, à diverses époques, contre l'obligation d'embarquer des chirurgiens sont ensuite reproduits; mais c'est surtout sur la difficulté de s'en procurer qu'insistent les armateurs.

M. J. Le Pomellec, excipant de plusieurs cas particuliers, déclare que, dans les termes où elle est imposée, cette obligation devient un obstacle et qu'il en résulte des effets précisément contraires à ceux qu'on en attend. Forcés d'accorder la préférence aux officiers de santé, quels qu'ils soient, les armateurs ne peuvent, en effet, faire choix de sujets qui, bien que non pourvus de diplôme, n'en sont pas moins aptes à rendre d'excellents services et leur inspirent toute confiance; d'un autre côté, ceux-ci, sachant qu'ils ne seront engagés qu'à défaut des premiers, ne se font pas connaître et les armateurs sont réduits, au dernier moment, à accepter un chirurgien de l'une ou l'autre provenance et à en subir les conditions, nonobstant le peu de garanties qu'il peut offrir. Depuis qu'on exige un diplôme, il ne se forme plus de chirurgiens pour Terre-Neuve! Autrefois, c'était une carrière lucrative assurée; on ne peut plus y songer aujourd'hui! De là la rareté des sujets!

M. J. Le Pomellec saisit cette occasion de s'élever contre la défense d'astreindre les chirurgiens à tout travail manuel, en dehors de leurs fonctions. Pourtant, dit-il, le travail moralise, et, en occupant le chirurgien, on obtient ce résultat que celui-ci se trouve retenu là où son intervention peut devenir nécessaire, tandis que, s'il demeure oisif, il cédera, soit à l'attrait du plaisir, soit au besoin de distractions, et s'éloignera de l'habitation, sans qu'on puisse raisonnablement s'y opposer et le condamner à une immobilité stérile.

Les précautions spontanément prises, en 1871, par les armateurs sont invoquées pour établir que leur intérêt même leur commande d'assurer les secours de l'art à leurs équipages et qu'ainsi, toute réglementation à cet égard ne peut qu'être nuisible, du moment surtout qu'elle stipule des réserves dont l'expérience a démontré l'inefficacité.

M. V. Rouxel est d'accord avec M. J. Le Pomellec pour attribuer aux exigences de la législation les difficultés qu'éprouvent les armateurs à se procurer des chirurgiens. Si les dispositions de l'ordonnance de 1681 étaient remises en vigueur, les jeunes gens sans fortune qui voudraient embrasser la carrière de la médecine, feraient d'abord quelques études préliminaires en vue de justifier de la capacité requise pour être embarqués, en qualité de chirurgiens, sur les navires pêcheurs; ils entreprendraient la campagne de Terre-Neuve, pendant l'été, et, avec les économies qu'ils auraient réalisées, ils continueraient, en hiver, leurs études commencées et les compléteraient, d'année en année, jusqu'à ce qu'ils aient obtenu le diplôme d'officier de santé. Peut-être alors ils renonceraient à la navigation pour exercer, à terre; mais, en même temps qu'on aurait facilité l'accès de la profession médicale, on aurait ainsi créé une pépinière, toujours renouvelée, à laquelle les armateurs emprunteraient les chirurgiens dont ils comprennent eux-mêmes la nécessité et qu'ils sont bien résolus de ne pas cesser d'adjoindre à leur opération, aussi longtemps qu'ils le pourront. Seulement ils réclament la faculté de les choisir, d'après leurs propres inspirations.

M. C. Rouxel. — « Pourquoi faire une exception, au préjudice des armements pour la pêche à Terre-» Neuve? Qu'on les assimile aux expéditions au long-cours qui ne comportent de chirurgiens qu'autant » que l'ensemble de l'équipage et des passagers forme un effectif d'au moins cent personnes! Et où serait, » d'ailleurs, l'inconvénient, dans un pays dont M. le commandant de la subdivision navale signale lui-» même la parfaite salubrité? »

Il arrive quelquefois, reprend M. J. Le Pomellec, que des officiers de santé engagés, par correspondance, dans l'intérieur refusent d'embarquer, au moment du départ, sous l'impression que leur causent la vue de la mer, qu'ils aperçoivent pour la première fois, et celle du navire sur lequel ils doivent prendre passage. La situation des armateurs devient alors très-embarrassante. A Terre-Neuve même, lorsque des chirurgiens ainsi recrutés sont appelés à une certaine distance, comme il faut la franchir, non toujours sans danger, dans une embarcation, si leur transport présente quelques difficultés, ils ne veulent pas se déplacer. Dans ce cas, il vaut autant n'en pas avoir!

L'assemblée s'associe, de la manière la plus absolue, aux considérations qui viennent d'être développées, et l'un de ses membres ayant demandé que l'unanimité de sentiment fût tout spécialement constatée, la suppression de l'obligation d'embarquer des chirurgiens est votée par acclamation.

## 7° VIVRES

« Les hommes qui arment les chaloupes de pêche reçoivent, en ration, suivant le temps qu'ils restent » dehors, une certaine quantité d'eau-de-vie sur laquelle ils ont la funeste habitude de faire des économies » destinées à satisfaire, à un moment donné, cette détestable passion de l'ivrognerie qui est, aujourd'hui, la » cause de tant de misère et de désordres.

» Ne pourrait-on pas arriver à faire disparaître ces graves inconvénients, en engageant les armateurs à » remplacer une notable partie de l'eau-de-vie par une boisson plus saine et plus réparatrice ? »

Les armateurs sont les premiers à déplorer le mauvais usage que les pêcheurs font des spiritueux; mais il n'est pas de boisson, même le vin, qu'on puisse y substituer. Les équipages n'en voudraient pas, et, d'ailleurs, ajoute M. V. Rouxel, il n'y a pas à espérer de les faire rompre avec des habitudes invétérées. Si, contrairement à leurs propres intérêts, les armateurs y ont renoncé, c'est parce que toute tentative de leur part a été inutile.

## 8° HABITATIONS

« Les habitations servant de logement aux pêcheurs laissent beaucoup à désirer, sous le rapport de l'instal- » lation et surtout de la propreté............................ Il serait facile, sans augmentation appré- » ciable de dépense, d'avoir toutes ces cabanes garnies de planchers, ce qui préserverait les hommes de » l'humidité constante qui se dégage du sol. En dehors de l'intérêt bien entendu des armateurs, il y a là » une question d'humanité qui doit nous dicter les résolutions ultérieures à prendre. »

Le temps manque pour faire des planchers, et, d'ailleurs, à Terre-Neuve, on ne trouve pas de bois qui soit propre à cet ouvrage.

D'un autre côté, dit M. J. Le Pomellec, la plupart des pêcheurs portent des sabots, et cette chaussure les préserve de l'humidité. Ensuite on leur fournit de la paille, et, en somme, ils se portent à merveille.

## 9° AMBULANCES

« Quant aux cabanes spéciales devant servir d'ambulances et dont chaque établissement devrait être » pourvu, elles n'existent, en général, que de nom. Cette lacune est régulièrement signalée, tous les ans, » par les commandants de station. »

A quoi bon des ambulances, demande M. M. Guibert, puisqu'il n'y a pas de malades, ainsi qu'en fait foi le rapport même de M. le Commandant de la subdivision navale?

M. J. Le Pomellec. — « Tel est le tempérament des pêcheurs que, tombant malades, ils s'alarment » et se croient perdus, si on les déplace; ils préfèrent être traités dans le lieu même où ils se trouvent, » et, en cela, il n'y a aucun inconvénient. Dans certains cas, cependant, un endroit spécial leur est » affecté, et on les isole, s'il est nécessaire. Aucune précaution n'est donc négligée. »

## 10° OBSERVATIONS SUR LE RÉGLEMENT

« Après avoir mis en présence les avantages et les inconvénients de cette réglementation, je suis conduit » à proposer l'abrogation de toutes les restrictions imposées aux pêcheurs et de ne laisser subsister que les » articles qui concernent le tirage général des places, tous les cinq ans, la police des havres et l'époque fixée » pour le départ des navires de France.

» Le régime de liberté absolue serait, je crois, le plus favorable au développement d'une industrie qui » a toujours marché en déclinant, depuis plusieurs années, et, si je réserve le tirage général des places, c'est » eu égard aux frais vraiment considérables que nécessiteraient le déplacement trop fréquent de tout le » matériel laissé à la côte et la création d'un établissement.......................................

.......................................................................................................

.......................................................................................................

.......................................................................................................

» On comprend encore moins la défense portée par l'art. 41 de seiner près de Belle-Ile du Sud et de » Groix. On croirait que, par cette mesure, on a voulu protéger les intérêts des résidents qui font d'abon- » dantes pêches près de ces îles.

» Des défenses aussi peu motivées me font insister sur l'opportunité qu'il y aurait à réviser le décret du » 2 mars 1852 et à le remanier dans un sens beaucoup plus large, en laissant à tous les bâtiments, quel qu'en » soit le tonnage, la faculté de se servir de tels engins qui leur conviendraient, sans en limiter le nombre. »

Les propositions de M. le Commandant de la subdivision navale ne trouvent pas d'écho dans l'Assemblée dont l'attitude témoigne, au contraire, d'une impression défavorable.

Prenant vivement la parole, M. J. Le Pomellec se reporte à la législation de 1681 qui attribuait au premier occupant la jouissance des havres de pêche, et il retrace sommairement les inconvénients, ainsi que les désordres, dont elle fut l'origine, jusqu'à ce que la répartition de ces mêmes havres, avant le départ, fût prescrite par l'arrêté du 15 pluviôse an XI. Le tirage au sort, auquel on eut recours, dès cette époque, et que l'ordonnance du 21 novembre 1821 érigea en règle générale, produisit les meilleurs résultats, et c'est aussi dans l'intérêt de la pêche et pour éviter les contestations, qu'en 1826, l'emploi des seines fut soumis à une réglementation qui en détermina le nombre en raison de la série des places et de celle des bâtiments. On n'a eu qu'à se louer de ces restrictions et, en résumé, si l'on ne pêche pas de morue, ce n'est pas au réglement qu'il faut s'en prendre, c'est parce que ce poisson ne se présente pas. En veut-on la preuve? ajoute M. J. Le Pomellec. En 1833, la pêche fut médiocre; plus faible encore en 1834, elle fut mauvaise, en 1835, et M. l'amiral de Mackau étant allé à Terre-Neuve, à cette dernière époque, aurait déclaré, dans un rapport dont M. J. Le Pomellec a eu connaissance, que, de l'avis unanime des capitaines, c'était à l'emploi des seines qu'il fallait attribuer la diminution progressive de la morue. Si donc le tirage général avait eu lieu, en 1836, cet engin eût certainement été supprimé ; mais, dans la même année, la pêche fut des plus abondantes, et, depuis lors, il n'a plus été question de renoncer à son usage. Cet armateur regarde finalement comme indispensable la réglementation relative à l'armement des seines.

L'assemblée se prononce également pour le maintien de l'usage de cet engin, dans les conditions où il est actuellement autorisé.

M. J. Le Pomellec. — « C'est avec raison que M. le Commandant de la subdivision navale critique » les dispositions de l'art. 41 du décret portant interdiction de seiner près de Belle-Ile du Sud et de » Groix. Le sentiment philanthropique dont s'est inspirée l'assemblée des armateurs réunis, en 1837, » pour adopter ces dispositions, était exagéré, et, quant à moi, je demande à les faire disparaître du » réglement. »

La suppression de l'article dont il s'agit est, à l'unanimité, votée par l'assemblée.

## 11° HAVRES DE COD-ROY ET DE L'ILE-ROUGE.

« La Compagnie générale transatlantique qui exploitait, les années précédentes, Cod-Roy et l'Ile-Rouge, » avec beaucoup de succès, n'a occupé que ce dernier point.

» Si ces havres n'étaient plus occupés, il serait facile d'en déduire les conséquences immédiates qui s'en » suivraient. Les goëlettes de Saint-Georges, de la baie des îles et d'ailleurs s'empareraient des fonds de » pêche abandonnés, et le gouvernement de Saint-Jean se croirait de plus en plus autorisé à revendiquer » cette partie de la côte à l'exploitation de laquelle nous paraîtrions renoncer de notre propre gré.

» Notre droit n'en serait, sans doute, pas atteint, mais il deviendrait de plus en plus difficile de le faire » respecter. »

Au havre de l'Ile-Rouge se rattachant diverses questions importantes sur lesquelles l'assemblée sera appelée à délibérer, le président passe outre à la lecture du rapport de M. le Commandant de la subdivision navale, en exprimant l'intention d'en replacer, le cas échéant, ce passage sous les yeux de l'assemblée.

## 12° DÉVASTATIONS COMMISES SUR NOS ÉTABLISSEMENTS.

« Chaque année, nous avons à constater des dégâts et des vols souvent importants qui sont commis sur » nos établissements par des pêcheurs de loups-marins et par des équipages de goëlettes anglaises en » relâche, à leur retour du Labrador, à la fin de la saison, ou se rendant sur cette côte, au commencement » de la pêche. . . . . . . . . . . . . . . . . . . . . . . . . . . . . . . . . . .

. . . . . . . . . . . . . . . . . . . . . . . . . . . . . . . . . . . . . . . . . .

» Le seul moyen que je crois devoir indiquer comme pouvant, dans mon opinion, arrêter, au moins en » partie, ces dévastations périodiques, est entre les mains des armateurs eux-mêmes. Il s'agirait d'intéresser » plus directement les gardiens à la conservation des établissements, en leur assurant la subsistance de » l'hiver, d'abord, et ensuite, une prime dont le fond serait formé par l'assemblée des armateurs. La » répartition se ferait, après décision du commandant de la station, entre ceux des gardiens qui auraient fait » preuve d'énergie, en s'opposant avec succès à des tentatives criminelles dirigées contre les propriétés » françaises. »

La plupart des armateurs déclarent que les capitaines assurent généralement la subsistance des gardiens de leurs établissements, sur la vigilance desquels ils croient dès lors pouvoir compter. Cependant M. J. Le Pomellec admet que parfois il en a été autrement, et cet armateur cite le cas particulier d'un gardien qui, ayant reçu d'un capitaine moins que celui-ci ne lui avait promis, ne prit aucun soin de l'établissement et resta spectateur indifférent des déprédations qui y furent commises, pendant l'hiver. Quoi qu'il en soit, en pareille circonstance, la répression est toujours extrêmement difficile, et, malgré leur loyauté et leurs bonnes intentions, il est rare que les commandants des bâtiments anglais eux-mêmes puissent agir efficacement.

En résumé, les armateurs n'ont aucune plainte formelle à présenter à cet égard, et, quel que soit le tort résultant pour eux des pillages commis dans leurs habitations, ils préfèrent s'y exposer plutôt que d'avoir un gardien salarié dont l'entretien leur occasionnerait encore plus de frais.

## 13° POPULATIONS ANGLAISES.

« Il serait, je crois, fort dangereux de se faire plus longtemps illusion sur les effets certains que doit pro- » duire, dans un avenir plus ou moins éloigné, l'accroissement constant de la population anglaise sur toute » l'étendue de la côte qui nous est réservée. » . . . . . . . . . . . . . . . . . . . .

« En dehors des centres importants de Cod-Roy, Saint-Georges, Rivière-Humbert, Anse-aux-Fleurs, » La Conche, les Aiguillettes, etc., on voit, dans chaque crique et dans toutes les baies abandonnées par nos » pêcheurs, des habitations et des chauffauds en plus ou moins grand nombre. »

« Les résidents auxquels on a toléré, dans le principe, la seule ligne de main n'ont pas tardé à s'apercevoir » que ce mode de pêcher ne leur assurait pas des profits suffisants, et, aujourd'hui, ils possèdent tout un attirail » complet de filets de toute espèce et quelques-uns même sont propriétaires de goëlettes. » . . . . . . . . . . .

. . . . . . . . . . . . . . . . . . . . . . . . . . . . . . . . . . . . . . . . . .

« Les résidents ne sont pas les seuls à gêner nos pêcheurs et à leur faire une concurrence redoutable. » Une foule de goëlettes anglaises paraît avoir adopté définitivement nos lieux de pêche, et, tout en obéissant

» aux injonctions des bâtiments de la station, quand ils les font appareiller, elles reviennent reprendre la même » place, dès que ces bâtiments se sont éloignés. »

D'après M. J. LE POMELLEC, on aurait dû expulser impitoyablement les Anglais, aussitôt qu'on s'est aperçu de leur multiplication. Aujourd'hui, ce n'est que par des mesures radicales qu'il sera possible d'atténuer la gravité du mal. Déjà, en 1858, on y aurait eu recours et le Ministre de la marine aurait même décidé de punir de la suspension de commandement tout capitaine qui attirerait les Anglais dans un havre ou seulement leur fournirait les moyens de se livrer à la pêche. Il aurait été convenu qu'un gardien, élu par les concessionnaires et qui serait alors qualifié « *officiel*, » y demeurerait seul avec sa famille et que, pour se l'attacher davantage, la faculté lui serait accordée de pêcher à la ligne de main. Mais on n'a pas persévéré et les empiétements des Anglais ont continué comme auparavant. Il appartiendrait cependant à la subdivision navale de protéger nos nationaux et d'écarter les étrangers des lieux de pêche dont les traités nous garantissent la jouissance exclusive.

M. F. LE POMELLEC exprime ses regrets qu'on se soit départi de l'attitude prise, en 1858. Les commandants des bâtiments anglais, dit-il, nous tracent la marche à suivre. Au Labrador, lorsqu'ils surprennent nos pêcheurs en flagrant délit, ils leur font, pour la première fois, relever leurs filets et annotent en conséquence leur rôle d'équipage, avec menace de confiscation, en cas de récidive. Ils procèdent même d'une manière plus expéditive à l'égard des chaloupes qui sont envoyées de Saint-Pierre dans le Sud de Terre-Neuve. Aussitôt qu'ils en aperçoivent, ils les abordent et se saisissent de leurs engins de pêche, chaque fois que le fait se reproduit. Au moyen de ces exécutions répétées, ils éloignent sûrement les pêcheurs de la colonie, et, pour obtenir le même résultat, les commandants des bâtiments français n'ont qu'à suivre leur exemple et à user de la même rigueur.

C'est ce qu'aurait déjà conseillé M. J. LE POMELLEC, notamment lors du tirage partiel du 5 janvier 1868. A l'objection qui lui aurait été faite, à cette dernière époque, que les Anglais n'ont pas de rôle d'équipage, il aurait même répondu qu'à défaut de ce document, ils ont certainement d'autres papiers de bord qu'ils pourraient être requis d'exhiber et sur lesquels seraient inscrites telles annotations qu'il y aurait lieu.

Il serait nécessaire, dit M. C. ROUXEL, qu'un bâtiment à vapeur croisât constamment le long de la côte de Terre-Neuve, afin de prévenir le retour des Anglais, après qu'ils auraient été chassés. Abandonnés à leurs propres forces, nos capitaines ne peuvent exercer aucune police effective.

M. A. GUIBERT. — « Il faudrait deux bâtiments à vapeur, dont un pour chaque côte. »

M. LAIGNET. — « Une chaloupe à vapeur suffirait à ce service. »

Le président croit pouvoir affirmer que le bâtiment commandant est pourvu d'une chaloupe à vapeur, et il donne à l'assemblée l'assurance que les demandes qui viennent d'être formulées, bien qu'elles semblent pouvoir être difficilement accueillies, n'en seront pas moins soumises à l'autorité supérieure.

La lecture du rapport de M. le Commandant de la subdivision navale de Terre-Neuve étant terminée, le président fait connaître à l'assemblée qu'elle est appelée à préciser l'interprétation que comporte l'art. 31 du décret du 2 mars 1852-22 mars 1862, et il lui donne communication d'une dépêche ministérielle, en date du 2 février 1870, d'après laquelle doit être résolue la question suivante :

Le nombre de bateaux harouelleurs qu'un navire peut armer dépend-il uniquement de la série de la place, ou est-il, en outre, subordonné à la série du navire occupant?

M. J. LE POMELLEC déclare, avec l'assentiment général, qu'en adoptant, dans ses termes actuels, l'art. 31 du décret, lequel dispose que « les chaloupes pêchant avec des harouelles sont affectées aux » places et que leur nombre dépend du rang de série desdites places, » il a été *sous-entendu*, par les armateurs, que les places seraient occupées par des navires de même série au moins, de telle sorte qu'une place de 1re série, occupée par un navire de même série, pourrait armer trois chaloupes; qu'une place de 2e série en armerait deux, dans le cas où elle serait occupée par un navire de 1re ou de 2e série, et qu'enfin, il n'en serait jamais armé qu'une dans les places de 3e série, quelle que fût la série du navire occupant. Il en est, en effet, des harouelles comme des seines, ajoute M. J. LE POMELLEC, et, puisque ce sont les mêmes motifs qui ont conduit à apporter des restrictions à l'emploi de l'un et l'autre engin, ces restrictions doivent évidemment avoir lieu dans des conditions absolument semblables.

M. M. Guibert. — « C'est bien ainsi qu'a été compris, au moment du vote, à la séance du 5 janvier » 1862, l'amendement qui a fait l'objet des §§ 2 et 3 de l'art. 31 du décret. »

M. Lemoine, auteur de cet amendement, reconnaît, de son côté, que telle a été effectivement son intention.

L'assemblée approuve la rédaction suivante des §§ 2 et 3 de l'art. 31, que le bureau propose de substituer à l'ancienne :

« § 2. Les chaloupes pêchant avec des harouelles sont affectées aux places, et leur nombre dépend de » la série des navires occupants. »

« § 3. Les places de 1re série pourront en armer trois, celles de 2e série deux, pourvu que les unes et » les autres soient occupées par des navires d'une série au moins égale; si les navires sont d'une série » inférieure, le nombre de chaloupes sera déterminé par la série de la place correspondant à celle de ces » navires. En aucun cas, il ne pourra en être armé plus d'une dans les places de 3e série. »

Le Président. — « Messieurs, il me reste à vous entretenir de diverses questions relatives au havre de » l'Ile-Rouge. Je vais vous donner lecture de documents dans lesquels ces questions se trouvent exposées, » après quoi la discussion sera ouverte sur leur objet. »

Lecture est donnée par le président :

1° D'une dépêche ministérielle du 20 janvier 1870 portant envoi d'un arrêté de la même date qui proroge, au profit de la Compagnie générale transatlantique et pour une période expirant le 1er janvier 1872, la concession faite, en 1860, à la Compagnie générale maritime du droit d'exploiter, pour la pêche, les havres de Cod-Roy et de l'Ile-Rouge, situés à la côte Ouest de Terre-Neuve, la même dépêche prescrivant, en vue de répondre à des observations présentées par des armateurs de Saint-Malo, de soumettre à l'assemblée générale, le 5 janvier 1872, la question de savoir si les havres dont il s'agit ne doivent pas être mis au tirage, comme le sont les autres places de pêche;

2° De l'arrêté ministériel précité, concernant la Compagnie générale transatlantique;

3° D'un rapport au Ministre, par suite duquel est intervenu cet arrêté;

4° De l'arrêté ministériel du 23 novembre 1860 visé par celui du 20 janvier 1870 et autorisant la Compagnie générale maritime à exploiter, pour la pêche, pendant dix années, les havres de Cod-Roy et de l'Ile-Rouge;

5° D'un extrait du rapport de M. le Commandant de la subdivision navale de Terre-Neuve sur les résultats de la campagne 1870, faisant ressortir la situation exceptionnelle de l'Ile-Rouge et l'impossibilité d'exploiter ce havre par les moyens ordinaires;

6° D'une dépêche ministérielle du 29 décembre 1871 contenant des instructions sur la manière dont il devra être procédé, à la séance du 5 janvier 1872, à l'égard des havres de Cod-Roy et de l'Ile-Rouge, selon la nature de la résolution prise par l'assemblée, et signalant notamment les inconvénients qu'il y aurait à ne pas mettre Cod-Roy et l'Ile-Rouge au tirage général, si les armateurs décident que ces havres ne seront plus concédés directement.

M. J. Le Pomellec demande la parole.

Cet armateur verrait avec regret que l'Ile-Rouge spécialement fût mise au tirage, au même titre que les autres places. Selon lui, il importe de s'opposer énergiquement aux envahissements des Anglais, et une société compacte, disposant de plus de moyens d'action que des armements particuliers, est plus capable, par cela même, d'atteindre ce résultat, en même temps qu'elle constituerait ce que M. J. Le Pomellec appelle « *un jalon de résistance.* » C'est parce qu'elle était pénétrée du sentiment de cette nécessité que la chambre de commerce de Saint-Brieuc, quand elle fut consultée en 1869 sur la demande de la Compagnie générale transatlantique tendant à obtenir pour elle-même la prorogation de la concession de Cod-Roy et de l'Ile-Rouge, avait exprimé un avis favorable à cette demande. Aujourd'hui encore, s'il se présentait un armateur qui consentît à occuper l'Ile-Rouge avec le personnel de 120 hommes imposé aux Compagnies, M. J. LE POMELLEC inclinerait à ce que le même privilége lui fût accordé.

Telle n'est pas l'opinion de M. M. GUIBERT qui, après avoir rappelé les réclamations auxquelles a donné lieu la concession directe de Cod-Roy et de l'Ile-Rouge, tant de la part des armateurs, notamment aux séances des 5 janvier 1857 et 1862, que de la part de la chambre de commerce de Saint-Malo, lorsqu'il s'est agi, en 1869, de proroger cette concession, insiste pour que ces deux havres soient dorénavant mis au tirage concurremment avec les autres places.

Tout en reconnaissant que n'ayant pas souscrit de déclaration de projet d'armement, il ne peut être entendu qu'à titre consultatif, M. F. LE POMELLEC vient soutenir la cause des maisons de commerce de Saint-Pierre et Miquelon, qui, bien qu'intéressées au premier chef dans la question qui fait l'objet du débat, n'ont pu envoyer de délégué pour les représenter dans l'assemblée.

M. M. GUIBERT allègue que Cod-Roy et l'Ile-Rouge figurent au tableau de répartition; que, pour en opérer la radiation, il faut une décision spéciale de l'autorité supérieure, et qu'en définitive, si, à une certaine époque, les pêcheurs de Saint-Pierre et Miquelon pouvaient avoir eu quelque intérêt à la conservation de ces havres, il est permis de penser qu'il n'en était déjà plus ainsi, en 1860, puisqu'alors la Compagnie générale maritime a été mise en possession de Cod-Roy et de l'Ile-Rouge, sous la seule réserve que les premiers y auraient droit à quatre places de bateaux.

A cette objection M. F. LE POMELLEC réplique que le siége des opérations de la Compagnie générale maritime était à Saint-Pierre, et que, d'un autre côté, aux termes mêmes de l'arrêté de concession, c'est le commandant de la colonie qui avait été chargé d'en assurer l'exécution.

On a prétendu, continue cet armateur, qu'aucune maison de Saint-Pierre ne pourrait utilement suppléer la compagnie. L'assertion ne serait pas exacte, et, tout au contraire, plusieurs maisons de la colonie qu'il pourrait désigner seraient disposées à exploiter l'Ile-Rouge, dans les mêmes conditions ou dans toutes autres qu'il plairait à l'assemblée de déterminer.

Faisant alors appel aux sentiments de justice dont il ne doute pas que tous les armateurs soient animés, M. F. LE POMELLEC expose que les lieux de pêche sont étroitement limités pour les colons de Saint-Pierre et Miquelon, et que, ne fût-ce que par cette considération, l'Ile-Rouge semblerait devoir exclusivement leur appartenir.

M. LEMOINE. — « Ils vont pêcher sur le grand banc et sur les banquereaux....... »

En ce qui le concerne, M. F. LE POMELLEC se déclare, d'ailleurs, prêt à souscrire l'engagement formel d'occuper l'Ile-Rouge, pendant la période quinquennale fixée par le réglement, et il donne l'assurance que toutes les maisons de commerce de Saint-Pierre et Miquelon, au nom desquelles il a pris la parole, y sont également disposées.

M. RIOTTEAU. — « Alors le concessionnaire sera personnellement astreint à cette obligation, et sa « responsabilité continuera, même dans le cas de cession de la place à un autre armateur ! »

C'est ainsi que l'entend M. F. LE POMELLEC, sous la réserve cependant que le concessionnaire aura la faculté d'employer un gérant.

S'il est logique, reprend cet armateur, de tirer au sort, *par navire*, les places de pêche, en général, l'Ile-Rouge, en raison même de sa nature, doit nécessairement faire exception : ne pouvant être exploité directement, ce havre ne convient, en effet, qu'aux armateurs déjà pourvus soit d'établissements à Saint-Pierre, soit de concessions particulières dans le golfe. Sa mise au tirage *par navire* est donc impraticable, et c'est uniquement *par maison* que le tirage doit en être effectué. Encore ne faudrait-il y admettre que les maisons qui s'engageraient expressément à une occupation effective et sérieuse. A cette occasion, l'assemblée appréciera s'il n'y aurait pas lieu de convenir d'un règlement spécial.

M. M. GUIBERT s'élève contre ce mode d'opérer qui tendrait à créer un précédent fâcheux.

M. J. LE POMELLEC. — « Cod-Roy et l'Ile-Rouge ont été, de tout temps et par exception, placés hors « tirage ; ce ne serait donc pas une innovation ! »

M. M. Guibert demande si, dans l'hypothèse où l'Ile-Rouge serait l'objet d'un tirage à part, il serait, de quelque manière, fait application du principe de l'amende aux armateurs qui se seraient fait inscrire en vue d'obtenir la concession de ce havre.

Le Président. — « L'assemblée pourrait prendre une résolution dans ce sens! »

M. F. Le Pomellec. — « Celui-là seul auquel l'Ile-Rouge sera échue devra payer l'amende, s'il n'occupe » pas ce havre effectivement et dans les termes du réglement qui sera ultérieurement arrêté. »

Le Président. — « Il demeure entendu que la concession sera *personnelle*, et ne pourra être trans- » mise, par quelque motif que ce soit. »

M. Riotteau, à l'initiative duquel est due la proposition de formuler cette réserve, en entretient de nouveau l'assemblée, en se fondant sur ce que le principal but de l'occupation est de résister aux envahissements des Anglais, et que, dans la circonstance, c'est surtout de l'intérêt général qu'il faut s'inspirer.

M. J. Le Pomellec y aperçoit, en outre, un moyen de prévenir les abus qui résultent des ventes de places auxquelles il s'est toujours montré hostile.

Le président répète que l'occupation sera obligatoire pour le concessionnaire, sauf à l'assemblée à en préciser les conditions.

M. M. Guibert. — « Il n'y a qu'à maintenir le réglement qui existe. »

Ce réglement paraît à M. J. Le Pomellec propre à garantir l'occupation sérieuse et permanente de l'Ile-Rouge, à laquelle se rattache un intérêt particulier.

M. Lemoine.— « L'effectif de 120 hommes est trop élevé! Ne pourrait-on le réduire à 80 ou 100 hommes, » ce qui représente déjà un nombre considérable de warys? Du moment que l'Ile-Rouge ne peut être » desservie qu'au moyen de ces embarcations, il est très-difficile, si l'on n'a qu'un navire et surtout avec » un tel équipage, d'en transporter, sur les lieux, une quantité suffisante. »

M. Comolet. — « On suivra l'exemple des Compagnies. Il se trouve des warys à l'Ile-Rouge, et on » pourra aisément s'en servir, en indemnisant les pêcheurs de Saint-Pierre auxquels ils appartiennent et » que les Compagnies employaient à leur opération. »

M. Lemoine. — « Je puis affirmer, d'après une lettre du directeur de la Compagnie générale trans- » atlantique, que des warys faisant partie de son propre matériel d'exploitation il n'en reste pas un seul » en bon état. »

M. F. Le Pomellec renouvelle l'observation faite par M. Comolet que ce sont des marins *fournis* qui pêchaient pour le compte des compagnies, et que les embarcations à leur usage sont leur propriété.

Parlant ensuite des chauffauds, des cajots et autres objets similaires, cet armateur pense qu'ils doivent être, selon la règle commune, réputés accessoires de la place, et que, nonobstant sa prétention contraire, la Compagnie transatlantique ne peut conserver de droits que sur les objets mobiliers également spécifiés au réglement.

M. Comolet souhaiterait qu'il en fût ainsi, mais sa conviction n'est pas faite à cet égard.

La question paraît aussi contestable à M. Riotteau, et cet armateur exprime le vœu qu'elle soit préalablement élucidée.

Dans l'opinion de M. J. Le Pomellec, le droit de pêche seulement a pu faire l'objet d'une concession privilégiée au profit de la Compagnie, et, par ailleurs, celle-ci doit être nécessairement soumise aux dispositions du décret relatives à la propriété des établissements et du matériel affecté à leur exploitation. Or, au terme de cinq années, toutes les constructions faites aux places sont acquises à ces places et ne peuvent en être distraites par le concessionnaire; il doit donc en être de même, en ce qui touche l'Ile-Rouge, à l'égard de la Compagnie transatlantique.

M. Riotteau appelle l'attention des armateurs sur l'art. 8 de l'arrêté ministériel du 23 novembre 1860 portant concession de Cod-Roy et de l'Ile-Rouge à la Compagnie maritime, lequel est ainsi conçu :

« La Compagnie *acquerra* les cabanes et les chauffauds construits par les Anglais.................. » ............., si l'expulsion de ceux-ci est reconnue nécessaire. »

Cette disposition lui paraît prêter à une interprétation favorable aux prétentions de la Compagnie.

M. F. Le Pomellec. — « Eh bien! la Compagnie a acheté; mais ensuite elle s'est installée et a trans-
» formé, en les développant, les établissements acquis, comme cela se pratique, d'ailleurs, sur toutes les
» autres places dont l'amélioration ne peut qu'être profitable aux concessionnaires. »

Le président pose la question suivante :

« La Compagnie transatlantique sera-t-elle tenue de laisser, à l'Ile-Rouge, le matériel qui constitue
» l'établissement, dans les autres places? »

MM. V. Rouxel et Riotteau expriment leurs doutes sur la compétence de l'assemblée pour résoudre une question de l'espèce.

M. F. Le Pomellec. — « Si le concessionnaire est obligé d'acheter le matériel de la Compagnie, la
» position qui lui sera faite sera désastreuse. Celle-ci, en effet, exigera probablement un prix considérable,
» surtout si l'obligation d'occuper effectivement la place est sanctionnée par une amende. Du reste, si
» l'on ne proclame pas, dès aujourd'hui, le principe de la cession gratuite de l'établissement formé à l'Ile-
» Rouge, à quel titre l'invoquera-t-on, plus tard, vis-à-vis des concessionnaires qui succéderont à la
» Compagnie transatlantique? »

M. Riotteau ne s'opposerait pas à ce que, pour les cabanes proprement dites, il fût fait application de ce principe; mais il exclurait, dans tous les cas, les magasins et le chemin de fer construits par la Compagnie pour étendre ou faciliter son opération.

Sur la remarque de M. F. Le Pomellec que ce chemin, étant indispensable pour l'exploitation de la place, doit y être maintenu, le même armateur déclare qu'en 1830, sa propre maison a occupé l'Ile-Rouge, sans avoir jamais eu recours à aucun moyen de ce genre. Finalement il opine pour que la question de propriété soit réservée.

M. F. Le Pomellec persiste dans son appréciation au sujet du chemin de fer qui, d'ailleurs, ajoute-t-il, ne consiste que dans un plan incliné composé de quelques madriers.

Répondant à une interpellation de M. J. Le Pomellec, le capitaine Lamy, de Binic, dépose que, dans plusieurs places de la côte Est, on a établi une sorte de plan incliné ayant beaucoup de rapport avec celui dont il est fait usage à l'Ile-Rouge, et que la pensée n'est jamais venue à aucun des concessionnaires d'en revendiquer la propriété.

M. Comolet. — « Sur ce point, le concessionnaire s'arrangera facilement avec la Compagnie. »

En résumé, M. M. Guibert se refuse à admettre qu'il puisse être dérogé à la règle, en ce qui concerne l'Ile-Rouge, du moment que ce havre est porté au tableau de répartition, et il en trouve la preuve dans les termes mêmes des deux premiers paragraphes de l'art. 1er du décret du 2 mars 1852 dont il donne lecture.

Les dispositions qu'il invoque lui paraissent impératives, et, se fondant sur ce qu'on ne peut s'écarter du réglement, il conclut à ce que l'Ile-Rouge soit mise au tirage général.

M. Lemoine. — « Si l'on en juge par la teneur de la dépêche dont M. le Président a donné commu-
» nication à l'assemblée, telles seraient aussi les intentions du Ministre de la marine. »

M. Riotteau fait remarquer à M. M. Guibert qu'à cet égard il y a des précédents, et que, deux fois déjà, en 1832 et en 1837, le réglement a été, par les armateurs eux-mêmes, modifié et déclaré exécutoire. Cet armateur renouvelle, en même temps, la proposition d'établir une amende.

M. J. Le Pomellec combat, de son côté, la doctrine que M. M. Guibert s'efforce de faire prévaloir, et, arguant des mêmes précédents, il soutient qu'en pareil cas, l'assemblée est souveraine. Ce serait, d'ailleurs, à tort que Cod-Roy et l'Ile-Rouge figurent au tableau, puisqu'en principe, ces deux havres n'ont jamais cessé de former une dépendance des îles Saint-Pierre et Miquelon.

M. A. Lemoine. — « L'Ile-Rouge doit être soumise au même régime que les autres places, autrement
» ce serait priver d'une chance de réussite les armements pour la côte Ouest qui ont à supporter des frais
» considérables et sont exposés, par suite, à des risques dont il y a lieu de leur tenir compte! Cette côte

» attire beaucoup de concurrents, et le nombre des places y est très-restreint. Il ne serait donc pas » juste d'en détacher l'Ile-Rouge au profit des pêcheurs de Saint-Pierre et Miquelon qui ont un vaste » espace pour se mouvoir, puisqu'ils peuvent exercer leur industrie aussi bien sur le grand banc et sur » les banquereaux que sur tous les fonds environnant ces îles. Quant à l'exploitation de l'Ile-Rouge par » le navire auquel elle serait échue, elle aurait lieu de la manière suivante : ce bâtiment y déposerait le » personnel réglementaire et irait ensuite mouiller, par exemple, dans la baie Saint-Georges qui n'en » est éloignée que de 11 lieues, sauf à transporter successivement, d'un point à un autre, les produits » de pêche réalisés. Sous ce rapport, l'opération serait donc plus facile qu'elle ne l'a été pour les com- » pagnies maritime et transatlantique dont les goëlettes, à chaque voyage à Saint-Pierre, avaient à » franchir une distance d'au moins 60 lieues.

M. COMOLET expose qu'au mois d'octobre dernier, il a sollicité la concession de l'Ile-Rouge, dans les mêmes conditions que celles qui avaient été acceptées par les compagnies, et que, le 27 dudit, le Ministre de la marine lui avait répondu ne pouvoir statuer sur cette demande qu'après que l'assemblée générale des armateurs aurait elle-même exprimé son avis sur la question de savoir si Cod-Roy et l'Ile-Rouge continueraient à faire l'objet de concessions directes ou si ces havres devraient être mis au tirage, comme les autres places.

Lecture est donnée par M. COMOLET de la dépêche ministérielle à laquelle il se réfère, et, rapprochant cette communication des instructions adressées postérieurement à M. le Chef du service de la marine, cet armateur croit y apercevoir, dans les termes, une différence qu'il prie l'assemblée de remarquer. D'après la réponse qu'il a reçue et en l'interprétant littéralement, il avait pu penser que la décision de l'assemblée, quelle qu'elle fût, devait, avant de recevoir son exécution, être ratifiée par le Ministre de la marine, tandis que M. le Chef du service a été invité à se conformer à la solution qui serait adoptée.

Il en résulte que, dans l'incertitude où il se trouvait et ne sachant, d'un autre côté, si toutes les maisons indistinctement seraient, le cas échéant, admises au tirage de l'Ile-Rouge et si cette opération aurait lieu à Saint-Servan ou à Saint-Pierre, cet armateur n'aurait pu prévenir, en temps utile, celles de la colonie dont l'intention eût été d'y participer.

M. LEMOINE. — « On savait, depuis deux ans, que la question serait mise en délibération, dans cette » réunion; c'était aux intéressés à prendre leurs mesures en conséquence. »

Cet incident n'a pas de suite.

M. M. GUIBERT rappelle de nouveau l'opposition qui a été faite, en 1869, par la chambre de commerce de Saint-Malo, et il répète que, toutes les fois que l'occasion s'en est présentée, les armateurs ont protesté contre la concession directe dont Cod-Roy et l'Ile-Rouge avaient été l'objet. « On n'avait pas le » droit, » dit-il, « de disposer de ces havres contre le vœu du réglement. »

M. A. LEMOINE. — « Tous les armateurs qui expédient au golfe demandent, à l'unanimité, la mise au » tirage, *par navire*, du havre de l'Ile-Rouge. Il n'y à qu'à les interpeller nominativement à cet égard; » leur réponse à tous sera affirmative. »

M. COMOLET. — « Cette unanimité n'existe pas! Moi-même j'expédie pour le golfe, et je puis citer no- » tamment mon navire l'*Hippolyte*, qui a fait la campagne, comme défileur, en 1871. Eh bien! je voterai » dans un sens absolument contraire à celui qui est indiqué par M. LEMOINE. Mon avis est que l'Ile- » Rouge soit mise au tirage *par maison*. »

M. RIOTTEAU partage cette manière de voir : le tirage, *par navire*, ne lui paraît être qu'une fiction.

Si le tirage a lieu, *par navire*, reprend M. F. LE POMELLEC, il sera impossible à l'armateur concessionnaire d'exécuter ses engagements, et alors l'occupation sera incomplète. Dans tous les cas, en procédant ainsi, ce serait vouloir exclure les maisons de Saint-Pierre et Miquelon ........................ ..

Ces paroles ayant provoqué un certain tumulte, le président, pour y mettre fin, invite l'assemblée à se prononcer, sans plus attendre.

M. J. LE POMELLEC. — « Précisons la question. Il s'agit de décider si l'Ile-Rouge sera mise au tirage » dans les conditions ordinaires, c'est-à-dire *par navire* et avec les obligations résultant du décret du

» 2 mars 1852-22 mars 1862, ou si le tirage en sera effectué, *par maison*, sauf application de règles » particulières à la fixation desquelles l'assemblée aurait alors à pourvoir. »

La discussion allait recommencer quand le président met aux voix la première proposition relative à la mise au tirage de l'Ile-Rouge, dans les mêmes conditions que les autres places.

M. A. Ruellan voudrait qu'on procédât, tout d'abord, à la formation du réglement qui doit régir spécialement l'Ile-Rouge; mais il reconnaît ensuite, avec M. Riotteau, que ce réglement n'a sa raison d'être qu'autant que la question actuellement soumise à l'assemblée sera résolue négativement, un tel vote impliquant nécessairement, en effet, l'adoption de la seconde proposition.

Le scrutin public étant demandé par M. M. Guibert, il est procédé à l'appel nominal des armateurs.

A la majorité de 17 voix contre 5 (1), la proposition d'assimiler, pour le tirage, l'Ile-Rouge aux autres places de pêche, est repoussée. En conséquence, ce havre fera l'objet d'un tirage *par maison*.

Le président invite alors l'assemblée à déterminer les conditions dans lesquelles l'exploitation de l'Ile-Rouge devra avoir lieu.

M. J. Le Pomellec estime qu'il suffirait de maintenir celles qui existent, en stipulant, en outre, pour le cas de non-occupation, une amende qu'on pourrait fixer à 4,000 fr.

M. Riotteau. — « Il faudrait aussi que la concession fût d'une durée de cinq années, comme pour les » autres places, et que, pendant cette période, l'occupation fût obligatoire. Si, en effet, elle se borne à la » première année, tous les inconvénients qu'on a voulu éviter reparaîtront infailliblement. Ne pourrait-on » pas étendre la même amende à chaque année de non-occupation? »

MM. F. Le Pomellec et Comolet applaudissent à cet amendement et déclarent adhérer au principe de l'amende ainsi posé, tant en leur propre nom qu'au nom des maisons de Saint-Pierre et Miquelon. « Il » est donc bien convenu, » reprend le premier de ces armateurs, « que si le concessionnaire de l'Ile-Rouge » s'abstient de l'occuper, une année, il sera passible d'une amende de 4,000 fr., et que, si la non-occu- » pation se prolonge pendant cinq années consécutives, c'est une amende totale de 20,000 fr. que le » concessionnaire aura encourue. »

L'assemblée témoigne du plus parfait accord à cet égard.

Une seconde lecture est alors donnée par le président de l'arrêté ministériel du 23 novembre 1860, et l'assemblée adopte les dispositions suivantes :

« L'exploitation de l'Ile-Rouge sera continuée sur le pied actuel, c'est-à-dire que l'armateur concession- » naire y emploiera 120 hommes; *toutefois il lui sera facultatif d'y entretenir un chirurgien.* »

« Quatre places de bateaux seront réservées pour les pêcheurs de Saint-Pierre et Miquelon qui dési- » reront y exercer la pêche. »

« Il est interdit au concessionnaire de faire des fournitures d'eau-de-vie ou d'objets nécessaires à la » pêche, aux résidents étrangers. »

---

(1) Scrutin sur la proposition de mettre le havre de l'Ile-Rouge au tirage, au même titre que les autres places de pêche.

Nombre des votants.......................................... 22
Majorité absolue.......................................... 12
Pour l'adoption.................... 5
Contre.................................. 17

L'assemblée n'a pas adopté.

Ont voté pour :

MM. P. Fontan, M. Guibert, A. Larsonneur, Le Maréchal, Lemoine.

Ont voté contre :

MM. Augustini, Besnard, A. Besnier, Comolet, Dupuy, Laignet, J. Le Pomellec, Raymond-Hautertre, Riotteau, V. Rouxel, P. Rouxel, J.-M. Ruellan, F. Ruellan, Ruellan et Blaize, L. Verry, F. Villeféron aîné, L. Villeféron jeune.

« L'Ile-Rouge sera exploitée par le concessionnaire lui-même, qui ne pourra, en aucun cas, la faire » occuper par une autre maison. »

Le Président. — « Dans le cours de la discussion, il n'a été fait mention de Cod-Roy que très-inci- » demment. L'assemblée entend-elle appliquer à ce havre les dispositions qu'elle vient d'adopter à » l'égard de l'Ile-Rouge, aussi bien pour le mode de tirage que sous le rapport de l'exploitation; sinon, » que décide-t-elle? »

M. Larsonneur. — « Qu'on mette Cod-Roy au tirage avec les autres places ! »

Il n'y a pas d'opposition. En conséquence, ce havre sera réuni aux autres places de pêche à répartir par la voie du sort.

Revenant à la question de savoir si la Compagnie transatlantique pourra enlever de l'Ile-Rouge le matériel ailleurs incorporé à l'établissement, MM. C. Rouxel et E. Blaize pensent qu'il y aurait lieu de distinguer entre les cabanes acquises des Anglais et les apports faits par la Compagnie.

M. Riotteau. — « On ne peut disposer que pour l'avenir. »

Finalement, sur la proposition de M. Comolet, l'assemblée exprime le vœu que la Compagnie transatlantique soit tenue de laisser l'établissement de l'Ile-Rouge dans l'état où il se trouve.

M. Lemoine se plaint de ce qu'au golfe, et notamment à Port-au-Choix, les maîtres de chaloupes coupent et détruisent les lignes de fond qui les gênent ou s'embrouillent avec les leurs, et il demande qu'il soit imposé aux coupables une amende dont leurs armateurs seront solidairement responsables.

M. V. Rouxel. — « Ce fait tombe sous l'application du droit commun. Il n'est donc pas nécessaire de » créer une pénalité spéciale, ce qui ne rentre pas, d'ailleurs, dans les attributions de l'assemblée. »

Personne n'ayant plus demandé la parole, le président invite les armateurs qui se proposent de prendre part au tirage de l'Ile-Rouge à se faire connaître.

Il s'en présente sept, savoir :

MM. Comolet,
L. Demalvilain,
M. Guibert et fils,
L. Hovius fils,
Lemoine,
Le Pomellec et fils,
Riotteau,

dont les noms sont inscrits sur des bulletins que le président dépose dans une urne préparée à cet effet.

Il est ensuite procédé au tirage, et le premier bulletin extrait de l'urne désignant M. L. Hovius fils, cet armateur est déclaré concessionnaire de l'Ile-Rouge.

A ce moment, plusieurs armateurs substituent de nouvelles déclarations de projet d'armement à celles qu'ils avaient fait parvenir ou remises au Chef du service de la marine, avant l'ouverture de la séance, conformément aux dispositions de l'art. 2 du décret du 2 mars 1852; d'autres en déposent qu'ils avaient jusqu'alors réservées.

Vérification faite de ces déclarations, la liste des navires de 1re série est établie. Cette liste, comprenant 47 bâtiments, est lue à haute voix. Aucune réclamation ne se produisant relativement aux navires présentés, — si ce n'est de la part de M. Riotteau qui, après avoir prétendu pouvoir joindre aux bâtiments de 2e série son navire le *Duc-de-Penthièvre* jaugeant 189 tonneaux, a dû se rendre aux justes observations des autres membres du bureau, — le président dépose dans l'urne 47 bulletins contenant les noms des navires inscrits et ceux des armateurs. Puis il procède au tirage, suivant les prescriptions de l'art. 3 du décret précité.

Cette opération terminée, il est procédé, dans les mêmes formes et de la même manière que pour la première série, au tirage des deux séries inférieures qui ont présenté 21 navires pour la deuxième série et 9 pour la troisième.

Les navires *côtiers* étant tous munis de places, et aucun armateur de navire *banquier* n'ayant invoqué le bénéfice de l'art. 4 du même décret pour obtenir une sécherie à la côte de Terre-Neuve, il est alors procédé au tirage des saumonneries et à leur répartition, par la voie du sort, d'après le tableau arrêté en 1852 et conformément aux dispositions de l'art. 5 du décret.

Les opérations du tirage général étant ainsi terminées, le président prononce la dissolution de l'assemblée.

Fait et clos, à Saint-Servan, les jour, mois et an que dessus.

*Le Chef du service de la marine, président,*

A. DANGUILLECOURT.

*Les membres du bureau :*

LEMOINE, M. GUIBERT, V. ROUXEL, J. LE POMELLEC, RIOTTEAU.

*Le Secrétaire,*

P. LOSSIEUX.

# EXTRAIT d'une dépêche adressée au Chef du service de la marine, à Saint-Servan, par le Ministre de la marine et des colonies.

*Versailles, le 26 février 1872.*

DIRECTION des Services administratifs.
—
BUREAU Des Pêches, etc.

N° 192.
—
Pêche de la Morue A TERRE-NEUVE.
—
CAMPAGNE DE 1872.
—

Monsieur le Commissaire, j'ai reçu, avec votre lettre du 31 janvier, le procès-verbal des opérations de l'assemblée des armateurs réunis, à Saint-Servan, le 5 janvier 1872, pour le tirage général des places à l'île de Terre-Neuve. J'ai lu aussi les réflexions fort judicieuses que vous ont inspirées les vœux exprimés par cette assemblée, et je vais vous indiquer de quelle suite ils m'ont paru susceptibles.

1° CORRESPONDANCE. — Les armateurs ont reconnu que l'échange de la correspondance assuré, en temps ordinaire, par le concours des bâtiments de la subdivision navale, n'est réellement important qu'au début de la campagne, en sorte qu'un seul courrier par mois suffit amplement aux besoins de la flottille de pêche. J'adresserai des instructions dans ce sens au commandant de la subdivision de Terre-Neuve.

En ce qui touche la transmission des télégrammes des armateurs, et afin de répondre, dans la mesure du possible, au désir qu'ils ont exprimé à cet égard, j'avertirai les chefs de service et les commissaires de l'inscription maritime, aussitôt que j'aurai reçu la nouvelle télégraphique de l'arrivée du commandant de la subdivision navale à Saint-Pierre et Miquelon. De cette manière, les armateurs, prévenus sans aucun retard, seront en mesure d'envoyer, par le télégraphe, les instructions qu'ils jugeront nécessaires. Pour plus de certitude et de sécurité dans ce service, les armateurs feront bien d'adresser leurs télégrammes au commandant de Saint-Pierre et Miquelon qui les transmettra au commandant de la subdivision navale, si celui-ci se trouve à Saint-Pierre. Dans le cas contraire, M. le colonel Cren pourvoira à la transmission des dépêches télégraphiques, par la voie qui lui semblera la meilleure. Dans tous les cas, les télégrammes des armateurs, de même que leurs lettres, ne pourront parvenir aux capitaines destinataires que par les bâtiments de la subdivision et en profitant des tournées organisées par le commandant, suivant les nécessités générales du service de surveillance de la pêche. Qu'il soit donc bien entendu que mon département ne peut prendre d'engagement ni fixer de délai d'aucune sorte pour la transmission des correspondances télégraphiques ou écrites; mais ce dont je puis donner l'assurance, c'est que les bâtiments de la subdivision continueront, comme par le passé, de venir en aide, par tous les moyens à leur disposition, à notre commerce maritime, tout en faisant face aux exigences spéciales de leur service.

2° CHIRURGIENS. — Les armateurs ayant unanimement demandé la suppression de l'obligation d'embarquer des chirurgiens, je consens à continuer, cette année, l'expérience commencée à cet égard, pendant la dernière campagne, et qui, d'après le rapport que m'a adressé le commandant de la subdivision, n'a pas été nuisible aux équipages. Vous pourrez donc autoriser, cette fois encore, les navires à partir sans chirurgien. Je prescrirai au commandant de la subdivision d'étudier tout spécialement cette question de la santé des équipages, afin d'être en mesure d'apprécier, l'année prochaine, en parfaite connaissance de cause, les dispositions qu'il conviendra de provoquer.

3° ART. 41 DU DÉCRET DU 2 MARS 1852. — La défense de seiner près de Belle-Ile du Sud et de Groix a été critiquée par le commandant de la subdivision et par l'assemblée des armateurs; vous m'avez vous-mêmes proposé de laisser toute liberté à cet égard. Cet accord unanime me permet d'accueillir votre proposition. Cela fera l'objet d'un article spécial dans le décret d'ensemble que j'aurai à présenter, plus tard, au Président de la République. Je donnerai des instructions dans ce sens au commandant de la subdivision.

4° ENVAHISSEMENTS DES ANGLAIS. — C'est là une question qu'on ne doit aborder qu'en dégageant toute passion. Je connais les droits que les traités ont garantis à la France, et vous pouvez donner aux armateurs l'assurance que je sais ce que m'impose à cet égard le devoir de protéger l'industrie maritime que je considère comme une des plus précieuses attributions de mon département. Mes instructions au commandant de la subdivision seront empreintes de l'esprit de fermeté et de conciliation que comporte cette délicate question.

5° HAROUELLES. — S. Exc. l'amiral Rigault de Genouilly avait lui-même provoqué des armateurs, par une dépêche du 2 février 1870, une interprétation précise de l'art. 31 du décret du 2 mars 1852 modifié par celui du 22 mars 1862. L'assemblée générale, après avoir délibéré, a proposé de substituer la rédaction suivante à l'ancienne :

2e §. — « Les chaloupes pêchant avec des harouelles sont affectées aux places, et leur nombre » dépend de la série des navires occupants. »

3e §. — « Les places de 1re série pourront en armer trois; celles de 2e série, deux, pourvu que les » unes et les autres soient occupées par des navires d'une série au moins égale. Si les bâtiments sont » d'une série inférieure, le nombre des chaloupes sera déterminé par la série de la place correspondant » à celle de ces bâtiments. Dans aucun cas, il n'en pourra être armé plus d'une dans les places de » 3e série. »

Aucune observation n'ayant d'ailleurs été présentée touchant l'emploi des harouelles à la côte Est, à dater du 15 août, ainsi que l'a autorisé la décision du 2 février 1867, conformément au vœu exprimé lors de la réunion de l'assemblée générale de 1867, le premier paragraphe de l'art. 31 peut être ainsi conçu :

« L'usage des lignes de fond ou harouelles est autorisé tant à la côte Ouest qu'à la côte Est de Terre-» Neuve, mais seulement à partir du 15 août pour cette dernière côte. »

La rédaction de l'article se trouve donc ainsi complétement arrêtée. Je crois cependant inutile de la consacrer maintenant par un décret. Ce sont là des mesures qui trouveront leur place dans le décret d'ensemble qu'il y aura sans doute lieu de provoquer, l'année prochaine. Il n'y a d'ailleurs pas de contestations à redouter, puisque la rédaction du nouvel art. 31 a été arrêtée, avec l'assentiment général des armateurs.

6° COD-ROY ET L'ILE-ROUGE.—Il en est de même des dispositions demandées par les armateurs relativement à Cod-Roy et à l'Ile-Rouge. Elles me paraissent de nature à être adoptées, mais elles ne seront consacrées que plus tard par décret. J'ajournerai également l'adoption de toute sanction pénale à l'inobservation des engagements contractés : une simple décision ministérielle ne saurait suffire pour cet objet.

Les dispositions suivantes prendront donc place entre les art. 4 et 5 du réglement :

« Par exception aux dispositions qui précèdent, le havre de l'Ile-Rouge, situé à la côte Ouest de Terre-» Neuve, fera l'objet d'un tirage *à part* auquel seront admis tous les armateurs, sans distinction de » domicile, mais seulement à titre individuel. »

« La durée de la concession de l'Ile-Rouge est, comme pour les autres places, fixée à cinq années, et, » pendant cette période, l'occupation en sera obligatoire pour le concessionnaire qui ne pourra, dans » aucun cas, faire occuper ce havre par un autre armateur. »

« Un personnel de 120 hommes, au moins, sera affecté à l'exploitation dudit havre; toutefois l'arma-» teur concessionnaire ne sera pas tenu d'y entretenir un chirurgien. »

« Quatre places de bateaux y seront réservées, ainsi que dans le havre de Cod-Roy, situé à la même » côte, aux pêcheurs de Saint-Pierre et Miquelon qui voudront exercer leur industrie sur ces deux points. »

L'assemblée générale, après une longue discussion, a exprimé le vœu que la Compagnie transatlantique fût tenue de laisser aux occupants qui lui succéderont l'établissement de l'Ile-Rouge dans l'état où il se trouve. Il y a là une question de propriété d'autant plus délicate à trancher que rien n'établit l'importance des travaux faits dans l'île par la Compagnie. Je m'abstiens donc de toute résolution à cet égard.

..........................................................................................

..........................................................................................

Recevez, Monsieur le Commissaire, l'assurance de ma considération distinguée.

*Le Vice-Amiral Ministre de la marine et des colonies,*

Signé : A. POTHUAU.

# DÉCRET

## DU PRÉSIDENT DE LA RÉPUBLIQUE

PORTANT RÉGLEMENT

## SUR LA POLICE DE LA PÊCHE DE LA MORUE

### A L'ILE DE TERRE-NEUVE

---

**AU NOM DU PEUPLE FRANÇAIS**

LOUIS-NAPOLÉON,

Président de la République française,

Vu l'ordonnance royale du 24 avril 1842, portant réglement sur la police de la pêche de la morue à l'île de Terre-Neuve;

Vu le procès-verbal de l'assemblée générale des armateurs pour la pêche de la morue, réunis à Saint-Servan les 5, 6, 7 et 8 janvier 1852;

Sur le rapport du Ministre Secrétaire d'Etat de la marine et des colonies;

Le conseil d'amirauté entendu,

DÉCRÈTE :

Art. 1er.

Les havres et places avec les *graves* qui en dépendent, aux côtes de l'île de Terre-Neuve, continueront de n'être pas au choix du premier arrivé ni du premier occupant.

La répartition en sera faite entre les armateurs, tous les cinq ans, par voie d'un tirage au sort, et au moyen d'un état indicatif des havres situés sur la partie des côtes de la dite île, où, d'après les traités, les capitaines français peuvent s'établir pour la pêche.

Cet état fera connaître, suivant le plan topographique des côtes, et en commençant par le premier havre de la côte de l'Ouest :

Les noms des havres;

Les numéros et les noms des places comprises dans chaque havre;

Le nombre de bateaux que chacune des places peut contenir;

La situation de la grave correspondant à chaque place.

La nomenclature des places sera divisée, sur le dit état, en trois séries établies de la manière suivante, d'après le nombre de bateaux auquel chaque place peut suffire, savoir :

1re série (place pouvant contenir), quinze bateaux et au-dessus;

2e série (place pouvant contenir), de dix à quinze bateaux exclusivement;

3e série (place pouvant contenir), neuf bateaux et au-dessous.

ART. 2.

Tous les cinq ans, les armateurs des différents ports de France qui se proposent d'envoyer des navires à la pêche sur les côtes de Terre-Neuve, feront au chef du service de la marine à Saint-Servan la déclaration du nombre de navires qu'ils doivent armer pour la pêche, avec l'indication du tonnage de ces navires.

ART. 3.

Ces armateurs ou leurs correspondants, spécialement autorisés, se réuniront, à Saint-Servan, le 5 janvier, sous la présidence du chef du service de la marine, afin qu'il soit procédé, ainsi qu'il suit, à la répartition des places que leurs navires devront occuper.

Les déclarations faites conformément à l'art. 2 seront comprises dans un relevé général présentant, eu égard au tonnage des navires et à la force de l'équipage, le classement des navires en trois séries, savoir :

1re série. — 158 tonneaux et au-dessus, 50 hommes d'équipage au moins.

2e série. — 100 à 158 tonneaux exclusivement, 30 hommes d'équipage.

3e série. — Au-dessous de 100 tonneaux, 20 hommes d'équipage si le navire ne doit pas armer une seine, et 25 hommes s'il doit en faire usage.

Toutefois, les navires qui ont déjà concouru aux précédents tirages conserveront, pour leur classement par série, les avantages qu'ils pouvaient devoir à leur ancien jaugeage.

Il sera donné lecture de ce relevé à l'assemblée, après quoi le tirage au sort aura lieu par série, en commençant par la première et en descendant de celle-ci à la seconde, puis à la troisième jusqu'à épuisement.

A cet effet, il sera disposé autant de bulletins qu'il y aura de navires dans une même série, et chacun des bulletins portera le nom de chacun des navires.

Ces bulletins seront ensuite mis dans une urne, d'où ils seront successivement tirés en présence de tous les armateurs réunis.

Au fur et à mesure qu'un bulletin sortira, l'armateur du navire désigné par le bulletin choisira une place dans la série à laquelle ce bâtiment appartient.

Si la série des places se trouve épuisée avant la série correspondante des navires, les bâtiments excédants seront réunis à ceux de la série inférieure.

Dans le cas contraire, après le choix fait par les armateurs des navires compris dans la première série, les places qui s'y trouveront encore disponibles pourront être choisies par les armateurs de la deuxième série concurremment avec les places appartenant à cette série. Les armateurs de la troisième série auront également la faculté de faire choix des places vacantes dans les deux séries supérieures.

ART. 4.

Il pourra, après le tirage général, être concédé des places sur la côte de l'île de Terre-Neuve aux armateurs qui expédieront leurs navires à la pêche sur le grand banc ou sur les banquereaux, avec l'intention de faire sécher à la côte de l'île la morue prise par ces bâtiments.

Mais ces armateurs, pour être admis au tirage des places entre eux, seront tenus, comme les autres armateurs, à une déclaration préalable, à défaut de laquelle leurs navires ne pourront s'établir que sur les points de la côte qui ne seront point occupés.

### Art. 5 (1).

La répartition des saumonneries continuera d'avoir lieu par la voie du sort entre les armateurs concessionnaires des havres auxquels, d'après leur position, ces saumonneries correspondent.

L'opération du tirage sera constatée par un procès-verbal ; l'assemblée sera ensuite dissoute.

### Art. 6.

Les résultats du tirage effectué conformément aux articles précédents seront énoncés dans un tableau de répartition dressé par les soins du Chef du service de la marine.

Ce tableau devra présenter :

Les noms des havres ;

Les numéros et les noms des places comprises dans chaque havre;

Le nombre de bateaux que chaque place peut contenir;

Les noms des armateurs concessionnaires ;

Les villes où ces armateurs sont domiciliés ;

Les noms des navires;

Le port en tonneaux de ces navires,

Le nom et l'âge des capitaines;

La force des équipages ;

Le port d'où chacun de ces bâtiments doit être expédié.

### Art. 7.

Le tableau de répartition, rédigé à la suite du procès-verbal du tirage des places et arrêté par le Chef du service de la marine à Saint-Servan, sera adressé au Ministre de la marine et des colonies; il sera imprimé et rendu public.

### Art. 8.

Chaque armateur conservera pendant cinq ans la jouissance du havre et de la place qui lui auront été assignés, tant qu'il continuera d'expédier le même nombre de navires de même série pour la pêche de la morue à la côte et d'y faire occuper effectivement les places dont il sera concessionnaire.

Il conservera pendant le même temps la jouissance des chauffauds, dépendances et graves qu'il aura fait réparer.

A la fin de la cinquième année de jouissance, chaque capitaine constatera, par un procès-verbal signé de deux capitaines voisins, l'état de l'établissement qu'il aura formé et occupé, lequel consistera dans le chauffaud, ses orgages et ses tenailles, les cabanes et leurs portes, les étaux, lavoirs et garde-poissons; il laissera ledit établissement dans la situation où il se trouvera (*Modifié par le décret du 22 mars 1862*).

Quant aux autres objets, tels que cajots, traîneaux, bateaux, avirons et autres ustensiles, le capitaine pourra les enlever, afin que l'armateur propriétaire en dispose à son gré (*Modifié par le même décret*).

---

(1) Entre les articles 4 et 5, viendra se placer, dans le décret à intervenir, un nouvel article concernant spécialement le havre de l'*Ile-Rouge*, situé à la côte Ouest de Terre-Neuve, et tel qu'il résulte de la dépêche ministérielle du 26 février 1872 (page 18 du recueil) conforme aux intentions exprimées par l'assemblée générale des armateurs.

ART. 9.

Les cinq années expirées, il sera procédé, par la voie du sort, conformément aux dispositions de l'article 3, au renouvellement général du partage des places entre les armateurs déjà concessionnaires, concurremment avec ceux qui se présenteront pour la première fois, mais après que les uns et les autres auront fait les déclarations prescrites par l'art. 2.

ART. 10.

Le Chef du service de la marine à Saint-Servan adressera chaque année aux administrateurs des ports d'où les navires devront être expédiés :

1° Un état de répartition des places de la côte Est et de la côte Ouest;

2° Un état des navires dont les armateurs auront déclaré vouloir faire pêche dans les baies communes.

ART. 11.

Les commissaires de l'inscription maritime dans les ports d'armement ne délivreront de rôle d'équipage aux navires destinés pour la pêche à l'île de Terre-Neuve qu'après s'être assurés que les armateurs ont droit à une place ou à exploiter la pêche dans les baies communes.

Aucun navire ne pourra aller pêcher sur les côtes de l'île de Terre-Neuve, s'il ne lui a été délivré un bulletin de mise en possession pour la place dont il est concessionnaire, ou un bulletin d'autorisation de pêche dans les baies communes.

Ces bulletins, établis par les commissaires de l'inscription maritime d'après les états prescrits par le précédent article, seront conformes aux modèles n[os] 1 et 2 annexés au présent décret.

Chaque capitaine sera tenu d'exhiber son bulletin de mise en possession, ou d'autorisation de pêche, aux capitaines prud'hommes des havres ou des baies où il devra faire la pêche.

ART. 12.

Aucun armateur ne pourra obtenir, pour le même navire, la concession simultanée de places sur les côtes Est et Ouest de l'île.

ART. 13.

Tout armateur qui, dans l'année du tirage général des places, et à moins qu'il n'y soit contraint par force majeure, n'expédiera pas le navire dont l'armement annoncé par lui aura déterminé à son égard une concession de place par la voie du sort, perdra ses droits à la jouissance de cette place, et sera en outre condamné à l'une des amendes suivantes, savoir :

4,000 fr. pour les navires de 1re série;

3,000 fr. pour les navires de 2e série;

2,000 fr. pour les navires de 3e série.

L'amende sera de 1,000 fr, pour les armateurs des navires banquiers admis au tirage spécial, dans le cas prévu par l'art. 4, qui, dans l'année de ce tirage, n'expédieront pas les navires pour lesquels ils auront obtenu la concession d'une place à la côte de Terre-Neuve, ou qui, ayant expédié leurs navires sur le banc ou sur les banquereaux, se seront abstenus de faire occuper à la côte la place de sécherie dont ils auront été déclarés concessionnaires (1).

(1) Une nouvelle disposition est ici introduite par le décret du 22 mars 1862.

Ces amendes seront prononcées par le Chef du service de la marine à Saint-Servan. Lorsque les parties croiront devoir appeler de cette décision, l'affaire sera soumise à l'examen de trois arbitres désignés par les armateurs réunis en assemblée générale; si leur décision n'est pas conforme à celle du Chef du service, le Ministre de la marine statuera définitivement, après avoir pris communication des rapports du Chef du service et des arbitres.

Tout armateur auquel il aura été concédé une place sera tenu de la faire occuper, la première année du tirage, par le navire concessionnaire ou un autre de même série au moins, dans le cas où ce navire aurait été condamné sans avaries de mer depuis le tirage. S'il est vendu, l'acquéreur sera tenu aux mêmes obligations, sous la responsabilité du vendeur.

Les chauffauds, leurs dépendances et graves, tels qu'ils se trouveront à l'arrivée des navires sur la côte, appartiendront au navire auquel la place aura été assignée d'après la répartition réglée par les art. 2, 3 et 6 du présent décret, ou à un autre navire armé en remplacement par le même armateur, pourvu qu'il appartienne à la même série.

Si, dans les années qui suivront celles où le partage général des places aura été effectué, ledit armateur expédie un navire de moindre série, il y aura lieu au partage de la grave, seulement en raison de la différence de la série.

Toute place qui pendant une saison de pêche, et sauf le cas de force majeure dûment constaté, n'aura pas été occupée par le navire concessionnaire, sera réputée vacante ; elle pourra être mise à la disposition de tout autre armateur, suivant les formes prescrites, sans que le premier concessionnaire qui l'aura abandonnée puisse y conserver aucun droit ni prétendre à aucune indemnité.

On entend par occuper une place y déposer le nombre d'hommes d'équipage voulu par la série à laquelle le navire appartient; faire pêche effective dans le havre; trancher et saler à la place les produits de la pêche; y former et entretenir l'établissement complet de pêche. Cette explication, toutefois, ne concerne que les places de la côte Est. Toute place sur cette côte qui ne sera point ainsi occupée perdra ses droits à l'armement des seines (*Modifié par le décret du 22 mars 1862*).

Aucun armateur ne pourra revendiquer la jouissance d'un terrain non occupé, mais qu'un autre armateur concessionnaire aura défriché à neuf et disposé pour faciliter et étendre l'exploitation de sa pêche, à moins que ce terrain ne reste inoccupé pendant deux saisons.

### Art. 14.

Les places portées pour mémoire au tableau indicatif étant en dehors du tirage, le choix qui en sera fait par les armateurs, pendant l'opération du tirage, n'exemptera pas ceux-ci du paiement de l'amende, si toutes les places habitables portées au tableau ne sont pas épuisées avant ce choix.

### Art. 15.

Dans les quatre années qui suivront celle du tirage général, il sera fait, chaque année, le 5 janvier, un tirage partiel des places vacantes, de la manière prescrite pour le tirage général.

A la suite du tirage général, y compris le tirage spécial pour les banquiers, comme de chacun des tirages partiels, y compris le tirage spécial pour les banquiers, les places demeurées disponibles seront concédées aux armateurs qui en feront la demande, depuis l'époque du tirage jusqu'au 30 juin.

Les armateurs qui postérieurement au tirage général obtiendront des places, n'en jouiront que pendant le temps restant à s'écouler jusqu'au terme marqué pour le renouvellement intégral.

Ces concessions particulières seront inscrites sur le tableau de répartition, et le Chef du service de la marine à Saint-Servan en rendra compte au Ministre de la marine et des colonies.

ART. 16.

Le capitaine le plus âgé remplira les fonctions de prud'homme dans tous les havres et dans toutes les baies communes; mais les capitaines au long-cours auront toujours la priorité sur les maîtres au cabotage.

ART. 17.

Le capitaine prud'homme est spécialement chargé de maintenir la discipline, la police et le bon ordre dans les havres et les baies communes ; d'assurer à chaque capitaine la jouissance du havre, de la grave ou du mouillage qui lui sont assignés; d'inspecter les filets; de veiller à la sûreté des mouillages et rades; de recevoir les plaintes des capitaines pêcheurs et d'y faire droit, lorsqu'il est compétent pour les juger, après avoir toutefois vérifié les faits et acquis des preuves autant qu'il lui est possible.

Il préside toutes les réunions de capitaines qui peuvent avoir lieu dans les havres et les baies ; il termine, comme *prud'homme arbitre*, et sans frais, les contestations qui peuvent s'élever entre les capitaines ; il ne peut exiger aucune rétribution ni émoluments des capitaines pêcheurs; il garde minute des décisions qu'il prend : il constate, par des procès-verbaux, toutes les contraventions au présent décret commises pendant la durée de la pêche ; il signe ces procès-verbaux, les fait signer par les officiers et le maître d'équipage, et, à son retour, il remet lesdits procès-verbaux et décisions au commissaire de l'inscription maritime dans le port d'où il est parti.

Il remet, en outre, audit commissaire un rapport détaillé sur la navigation et sur tout ce qui peut intéresser l'amélioration de la pêche.

ART. 18.

Si le capitaine prud'homme est lui-même intéressé dans une contestation, ou s'il est absent, l'affaire sera portée et soumise au jugement du prud'homme du havre le plus voisin.

ART. 19.

Le capitaine prud'homme est tenu de remettre aux commandants des bâtiments de la station, lorsqu'ils font l'inspection des havres, un état spécifiant, pour chaque place en particulier, si elle est ou non occupée comme le règlement le prescrit, et si la légalité en toute chose y est observée.

Tout délit contre la discipline, toute contravention aux règles établies en ce qui concerne le régime de la pêche et le mode d'occupation des places, seront par lui dénoncés aux commandants desdits bâtiments qui ont mission de les réprimer et de maintenir partout le bon ordre et l'observation du présent décret.

ART. 20.

S'il est commis des délits qui, en France, sont du ressort des tribunaux, le capitaine prud'homme remplit les fonctions de juge de paix : il forme la première instruction; il veille à ce que le prévenu ne puisse s'évader et soit remis au commandant de la station avec les pièces constatant le délit.

ART. 21.

Les navires pêcheurs ne pourront obtenir la remise de leurs papiers de bord :

Avant le 1er mars, pour le banc et pour la côte Ouest de Terre-Neuve;

Avant le 20 avril, pour la côte Est.

Tout capitaine de navire qui appareillera et fera route avant ces époques, sera passible d'une amende de *mille francs*, dont l'armateur sera solidairement responsable.

La même peine sera prononcée contre tout capitaine qui expédiera des bateaux sur la côte si le navire en est éloigné de plus d'un myriamètre, et même d'une moindre distance s'il y a banquise formée, ce qui sera constaté par les journaux des capitaines et des officiers.

Par exception aux dispositions ci-dessus, tout navire précédemment concessionnaire d'une place à la côte de l'Ouest, qui deviendra concessionnaire d'une place à la côte de l'Est, pourra partir le 20 mars, à l'effet de faire en temps utile le transport de son matériel.

ART. 22.

Aucun capitaine ne pourra établir son navire, pour faire pêche ou sécherie, dans un havre autre que celui qui lui aura été assigné par le bulletin de mise en possession, sous peine de 500 francs d'amende, indépendamment d'une interdiction de commandement.

Les seuls bateaux à la ligne expédiés en dégrat seront admis à pêcher, trancher, saler dans tous les havres, et même à sécher sur les terrains vacants desdits havres.

Toutefois, la défense portée par le premier paragraphe du présent article est sans préjudice des arrangements qui pourront être faits à l'amiable entre les armateurs ou capitaines pour l'occupation réciproque, par leurs navires, des havres et des places qui leur auront été respectivement affectés sur l'une et l'autre côte, et elle ne s'étend pas aux havres absolument inoccupés, où les bâtiments pourront se placer et auront la faculté de conserver la place en faisant, au retour du voyage, l'abandon de celle déjà concédée.

Il ne pourra, dans l'intervalle d'un tirage général à l'autre, être créé de nouvelles places, à moins que toutes celles soumises au tirage n'aient été concédées (*Article modifié par le décret du 22 mars 1862*).

ART. 23.

Le mode de pêcher dit en *défilant le Golfe* est autorisé à la côte Ouest de Terre-Neuve, et la pêche pourra être tout à la fois nomade et sédentaire sur cette partie du littoral, depuis la baie de Port-à-Port inclusivement jusqu'au cap Normand.

La pêche est réservée et demeure, comme à la côte Est, le privilége exclusif des navires occupants, dans tous les havres portés sur le tableau de répartition où il est créé des places qui sont concédées par la voie du tirage.

La pêche est libre, au contraire, pour tous les navires pêcheurs, sans exception, expédiés à la côte Ouest, dans toutes les baies où il n'est pas créé de places particulières, et qui sont désignées sur le tableau de répartition des places, comme affectées à l'exploitation commune de la pêche. Ces baies sont celle de Port-à-Port avec ses divers mouillages, celle des îles avec toutes les rades qui en dépendent, celle de Bonne-Baie et celle de Sainte-Marguerite avec l'anse du Nouveau-Férolle (*Modifié par le décret du 22 mars 1862*).

Dans le cas où toutes les places du tableau de répartition se trouveraient épuisées, il pourra être délivré aux armateurs qui voudront néanmoins expédier des navires à la côte Ouest des bulletins d'autorisation de pêche (*Modèle n° 2*).

Tout capitaine pourvu d'un bulletin de mise en possession pour la côte Ouest a le droit de s'établir et de faire pêche non seulement dans le havre particulier où une place lui a été attribuée, mais encore dans toutes les baies où il n'existe pas de concession particulière, et qui, assimilées à des ports neutres, demeurent ouvertes à l'exploitation commune.

Tout capitaine pourvu d'un bulletin d'autorisation de pêche à la côte Ouest a le droit d'établir son navire et de pêcher dans toutes les baies affectées à l'exploitation commune.

Les goëlettes des îles Saint-Pierre et Miquelon jouissent également de cette dernière faculté.

Les bateaux appartenant à des navires qui ne sont pas concessionnaires de places dans Petit-Port, seront admis à pêcher sur tous les fonds extérieurs qui en dépendent, mais les produits de leur pêche ne pourront être tranchés ni salés dans l'intérieur de ce havre.

Les agrégations y sont absolument interdites. Aucun navire autre que les concessionnaires ne pourra y mouiller.

On entend par occuper une place à la côte Ouest mouiller au moins une fois dans le havre où l'on est concessionnaire. Il suffit de paraître parmi les pêcheurs du golfe, si l'on est pourvu d'un bulletin d'autorisation de pêche (*Modifié par le décret du* 22 *mars* 1862).

ART. 24.

Chaque capitaine expédié pour les côtes de l'île de Terre-Neuve devra, indépendamment du bulletin de mise en possession ou d'autorisation de pêche, être muni d'un exemplaire du présent décret et du tableau de répartition prescrit par l'art. 6.

ART. 25.

Il est défendu à tout capitaine, sous peine de 500 fr. d'amende, de jeter du lest dans les havres; de s'emparer des sels, des huiles et des autres objets qui auraient pu être laissés l'année précédente; de rompre, transporter, dégrader ou laisser tomber en ruines les chauffauds, cabanes et dépendances de la place dont il est concessionnaire. Il est, en outre, expressément recommandé à tout capitaine d'améliorer la place qu'il occupe.

(*Le décret du* 22 *mars* 1862 *place ici un article additionnel.*)

ART. 26.

Il est interdit à tout capitaine de s'emparer des chaloupes et des bateaux échoués sur la côte, sans un pouvoir spécial des propriétaires de ces embarcations, à peine d'en payer le prix, ainsi que 50 fr. d'amende.

Mais si les propriétaires des chaloupes et des bateaux ne s'en servent pas ou n'en ont pas disposé, ceux qui en auront besoin pourront, avec la permission du capitaine prud'homme, en faire usage pour leur pêche, à condition qu'à leur retour ils en paieront le loyer aux propriétaires.

Les capitaines qui voudront employer ces chaloupes et ces bateaux seront tenus de remettre au prud'homme du havre, et, en son absence, à un capitaine voisin un état indiquant le nombre des chaloupes et des bateaux qu'ils comptent prendre pour leur service, avec la soumission d'en payer le loyer et les remettre au propriétaire s'il arrive à la côte, ou à tout autre ayant pouvoir du propriétaire.

Si les chaloupes et les bateaux ne sont pas remis au propriétaire pendant la durée de la pêche, les capitaines qui les auront employés seront tenus de les faire échouer en lieu de sûreté; cette circonstance devra être constatée par un certificat que le capitaine prud'homme et, en son absence, un autre capitaine délivrera.

Les bateaux, les sels et les autres objets laissés à la côte, et qui n'auront pas été enlevés par le propriétaire du 1er au 10 septembre de la seconde année, à partir de l'époque de l'abandon, seront vendus à l'encan, à la diligence du prud'homme, au profit du propriétaire, à la charge par l'acquéreur de les enlever dans la quinzaine qui suivra la vente (*Modifié par le décret du* 22 *mars* 1862).

ART. 27.

Les capitaines seront tenus de procurer aux commandants des bâtiments employés en station sur les côtes de l'île de Terre-Neuve tous les renseignements et détails que ces officiers leur demanderont sur l'exploitation de la pêche, sur la police observée par les pêcheurs, sur le nombre et l'état de leurs navires, de leurs bateaux et de leurs équipages.

ART. 28.

Il sera embarqué un chirurgien sur tout navire destiné à la pêche de la morue, dont l'équipage sera de quarante hommes et plus, non compris les mousses.

Un chirurgien sera affecté au service sanitaire dans tout havre où ne se trouvera pas un bâtiment de première série, lorsque les navires concessionnaires de ce havre auront ensemble cinquante hommes d'équipage, les mousses compris.

ART. 29.

Il est interdit à tous les pêcheurs français établis sur les côtes de Terre-Neuve d'avoir des établissements couverts en plan, ou de faire usage de cette écorce pour quoi que ce soit.

ART. 30.

L'usage des filets appelés *hallopes* est prohibé dans toute l'étendue des pêcheries françaises à la côte de Terre-Neuve.

ART. 31.

L'usage des lignes de fond ou *harouelles* est autorisé, tant à la côte Ouest qu'à la côte Est de Terre-Neuve. Elles ne pourront être employées tant que les seines seront armées.

Les bateaux pêchant avec des harouelles n'auront pas le droit de faire lever les bateaux pêchant à la ligne, et réciproquement (*Article modifié par le décret du 22 mars 1862*).

ART. 32.

Pour prendre les poissons appelés capelans et lançons, servant d'appât à la morue, il ne pourra être employé que des seines ayant 8 à 900 mailles de hauteur, et 30 brasses de longueur, lorsqu'elles seront montées.

ART. 33.

Il est défendu de se servir de seines à capelan et à lançon autrement qu'au moulinet et sans jamais déborder à terre.

ART. 34.

Il est défendu de couler entièrement les seines ou d'en ajouter deux ensemble.

ART. 35.

L'usage des seines à morue est maintenu.

ART. 36.

Leur étendue sera à la volonté de l'armateur, tant en hauteur qu'en longueur, mais la maille n'aura pas moins de 48 millimètres entre nœuds au carré.

Les seines à morue dont la maille sera plus petite que 48 millimètres entre nœuds au carré seront, sur l'ordre du capitaine prud'homme, ou sur celui d'un des officiers de la station en service, désarmées et séquestrées pendant la saison de pêche.

La vérification des seines sera faite en mesurant vingt mailles allongées qui devront porter un mètre neuf cent vingt millimètres.

ART. 37.

Il est défendu de se servir de seines à morue autrement qu'au moulinet et sans jamais déborder à terre.

ART. 38.

Les bateaux de seine ont le droit de choisir les places où il leur plait de déborder.

Si un ou plusieurs bateaux pêchant à la ligne se trouvent mouillés dans le circuit d'un bateau de seine, ils seront tenus de se déranger et de lui céder la place, après que le bateau de seine les aura prévenus qu'il va déborder et qu'effectivement il aura commencé à jeter son filet à la mer.

Dans le cas où l'un des bateaux à la ligne refuserait de se déranger après en avoir été sommé par le bateau de seine, il sera tenu de payer à celui-ci une amende de mille morues.

ART. 39.

Sous peine de donner également mille morues au bateau pêchant à la seine, le bateau pêchant à la ligne ou tout autre bateau de seine devra s'abstenir de mouiller dans le circuit de la seine et d'en gêner les mouvements, une fois que le bateau de seine aura prévenu qu'il va déborder et qu'il aura effectivement commencé à jeter son filet à la mer.

Si des maîtres de seine se rendent à l'avance sur certains points pour y attendre le poisson, ils ne pourront y mouiller qu'avec leurs grappins, et, dans ce cas, ils seront tenus de quitter la place si un autre maître de seine commence à déborder avant eux.

Le fait de stationner sur son grappin ne constituera à un bateau de seine aucun droit de priorité, lorsqu'il s'agira de déborder.

ART. 40.

Les seines à morue sont affectées aux places et dépendent du rang de série des navires occupants.

Les places de première série occupées par des navires de même série pourront armer deux seines.

Toute place de première série occupée par un navire de série inférieure ne pourra armer qu'une seine.

Les places de deuxième et de troisième série ne pourront, en aucun cas, armer qu'une seine.

Il ne peut y avoir pour chaque place qu'un seul navire concessionnaire, qui doit être spécifié sur le bulletin de mise en possession.

Tout autre navire adjoint au concessionnaire de la place constitue une agrégation. Les agrégations ne pourront jamais donner lieu à augmenter le nombre des seines, quels que soient la série de la place et le nombre des agrégés.

Tout navire agrégé à un autre, concessionnaire d'une place à la côte de Terre-Neuve, recevra de l'administrateur de la marine, dans le port où il sera expédié, un bulletin d'agrégation (1) qui spécifiera le navire et la place auxquels il sera adjoint.

Tout navire allant à la pêche sur le grand banc, puis à la côte, n'aura le droit d'armer une seine que s'il a vingt-cinq hommes au moins déposés à la côte, et s'il occupe effectivement la place qui lui a été concédée en vertu de l'art. 4.

Il ne pourra être fait usage de la seine ou des seines d'un navire dont une partie de l'équipage aura été envoyée comme passagers sur un autre bâtiment, qu'après l'arrivée du premier dans son havre ou l'avis de sa perte en route.

Les bâtiments pêcheurs, après avoir pris possession de leurs places à la côte, pourront relever pour le banc, et continueront de jouir de la faculté d'armer leurs seines, pourvu qu'ils laissent sur lesdites places le nombre d'hommes exigé pour l'armement de ces filets par le numéro de la série à laquelle ils appartiennent.

Ils seront d'ailleurs tenus, comme les autres navires côtiers, de laisser à leurs places la première année du tirage, le nombre d'hommes voulu par leur rang de série pour l'occupation effective.

---

(1) Le modèle de ce bulletin n'est pas annexé au décret. Voici celui dont il est fait usage et qui est classé, sous le n° 3327, dans la nomenclature des imprimés de la marine :

# PÊCHE DE LA MORUE

CÔTE DE L'ILE DE TERRE-NEUVE

[Partie (*) ]

## BULLETIN D'AGRÉGATION

Le navire l , armé au port d , appartenant à M. , domicilié à , commandé par le sieur , jaugeant tonneaux, ayant hommes d'équipage.

Le présent bulletin a été délivré par le commissaire de l'inscription maritime à au sieur , capitaine du navire l , conformément au décret du 2 mars 1852, pour constater que ledit capitaine a le droit de s'adjoindre par agrégation au navire l , concessionnaire dans le havre d , situé sur la côte de l'île, de la place n° , dite

Ceux qui troubleront le capitaine du navire l dans la jouissance du droit qui lui confère le présent bulletin seront passibles de tous dommages-intérêts qui pourraient être ultérieurement réclamés auprès des tribunaux.

A , le 187 .

(*) Orientale *ou* occidentale.

ART. 41 (1).

Les bateaux de seine ne pourront seiner près de Belle-Isle du Sud et de Groix, à moins qu'ils n'appartiennent à un navire mouillé dans une de ces îles.

ART. 42.

La pêche du saumon ne pourra se faire qu'au moyen de barrages pratiqués dans les ruisseaux ou rivières (*Article modifié par le décret du 22 mars 1862*).

ART. 43.

L'embarquement des provisions particulières de boissons spiritueuses à bord des bâtiments faisant la pêche de la morue est formellement interdit.

L'administration de la marine concertera avec celle des douanes les mesures à prendre pour empêcher l'embarquement des spiritueux, et même celui des fûts vides propres à en contenir.

Le Ministre de la marine et des colonies retirera la lettre de commandement, pour un temps dont sa décision fixera la durée, à tout capitaine qui aura vendu ou laissé vendre à son bord des boissons spiritueuses.

Une amende de 500 fr. sera encourue par tout armateur qui fera vendre de ces boissons pour son compte aux équipages de ses navires.

ART. 44.

Toute demande en indemnités pour les faits prévus par les articles ci-dessus, sera jugée sommairement, et sans appel, par les autres capitaines du havre non intéressés aux bâtiments en contestation. Ces capitaines seront convoqués et présidés par le prud'homme, et, si celui-ci est intéressé ou absent, par le capitaine le plus âgé après le prud'homme.

ART. 45.

Toutes contraventions, soit de la part des armateurs, soit de celle des capitaines de navires, seront punies conformément au présent décret.

Les procès-verbaux constatant lesdites contraventions seront, à cet effet, remis par les prud'hommes aux commissaires de l'inscription maritime, pour que, à la diligence de ces administrateurs, les poursuites de droit soient exercées devant les tribunaux ordinaires.

ART. 46.

Le produit des amendes sera versé dans la caisse des invalides de la marine.

ART. 47.

L'ordonnance royale du 24 avril 1842, portant réglement sur la police de la pêche de la morue à l'île de Terre-Neuve, est abrogée.

---

(1) Cet article se trouve virtuellement abrogé par la dépêche ministérielle du 26 février 1872 (page 18 du recueil), jusqu'à ce qu'un nouveau décret en ait consacré la suppression.

ART. 48.

Le Ministre Secrétaire d'Etat de la marine et des colonies est chargé de l'exécution du présent décret qui sera inséré au *Bulletin des Lois* et au *Bulletin officiel de la marine*.

Fait au palais des Tuileries, le 2 mars 1852.

*Signé :* LOUIS-NAPOLÉON.

PAR LE PRÉSIDENT DE LA RÉPUBLIQUE :

*Le Ministre Secrétaire d'Etat de la marine et des colonies,*

TH. DUCOS.

---

Modèle n° 1.

# PÊCHE DE LA MORUE

CÔTE DE L'ILE DE TERRE-NEUVE

[Partie (1) ]

## BULLETIN DE MISE EN POSSESSION

Le navire l , armé au port d , appartenant à M. , domicilié à , commandé par le sieur , jaugeant tonneaux, ayant hommes d'équipage.

Le présent bulletin a été délivré par le commissaire de l'inscription maritime à au sieur , capitaine du navire l , conformément au décret du 2 mars 1852, pour constater que ledit capitaine a le droit d'occuper dans le havre d , situé sur la côte de l'île, la place, avec ses dépendances N° ( ), dite (2) qui a été assignée audit navire, avec faculté de jouir de ladite place, sans trouble ni empêchement (3)

Ceux qui troubleront le capitaine du navire l dans la possession et la jouissance de ladite place seront passibles d'une amende de 500 fr. et de tous dommages-intérêts qui pourraient être ultérieurement réclamés auprès des tribunaux.

---

(1) Exprimer si c'est la partie *orientale* ou la partie *occidentale*.

(2) Transcrire ici la désignation *nominative*, ou à défaut, l'indication *topographique* présentée par le tableau général des havres, de manière à prévenir toute contestation.

(3) Mettre : pendant cinq ans (si la concession a été faite lors du tirage général) ou : jusqu'à l'année 18 exclusivement, époque à laquelle le partage des places doit être renouvelé intégralement (si la possession est postérieure à l'année où le tirage général aura été effectué).

**Modèle n° 2.**

# PÊCHE DE LA MORUE

CÔTE DE L'ILE DE TERRE-NEUVE

[ Partie occidentale. ]

## BULLETIN D'AUTORISATION DE PÊCHE

Le navire l , armé au port d , appartenant à M. domicilié à , commandé par le sieur , jaugeant tonneaux, ayant hommes d'équipage.

Le présent bulletin a été délivré par le commissaire de l'inscription maritime à au sieur capitaine du navire l , conformément au décret du 2 mars 1852, pour constater que ledit capitaine est autorisé à aller faire pêche dans toutes les baies affectées à l'exploitation commune. Ces baies sont : celles de Port-à-Port, des Iles, de Bonne-Baie, de Sainte-Marguerite et anse du Nouveau-Férolle (1).

Ceux qui troubleront le capitaine du navire l dans la possession du mouillage et dans la jouissance du terrain qu'il aura pu choisir, ainsi que dans ses opérations relatives à la libre exploitation de la pêche, seront passibles d'une amende de 500 fr., et de tous les dommages-intérêts qui pourront être ultérieurement réclamés auprès des tribunaux.

Vu les deux modèles qui précèdent pour être annexés au décret du 2 mars 1852.

*Le Ministre Secrétaire d'Etat de la marine et des colonies,*

TH. DUCOS.

(1) Il faut ajouter à ces baies : 1° celle de l'anse aux Fleurs affectée à l'exploitation commune par dépêche ministérielle du 28 décembre 1852 ; 2° celle de Tête-de-Vache, créée par l'assemblée générale des armateurs au tirage de 1862.

# DÉCRET IMPÉRIAL

PORTANT MODIFICATION DE CELUI DU 2 MARS 1852

# SUR LA POLICE DE LA PÊCHE DE LA MORUE

## A L'ILE DE TERRE-NEUVE

NAPOLÉON, par la grâce de Dieu et la volonté nationale, Empereur des Français,

A TOUS PRÉSENTS ET A VENIR, SALUT :

Vu le décret du 2 mars 1852 sur la police de la pêche de la morue à l'île de Terre-Neuve;

Vu le procès-verbal de l'assemblée générale des armateurs pour la pêche de la morue, réunis à Saint-Servan les 5, 6, 7 et 8 janvier 1862;

Vu l'avis de la commission instituée par la décision impériale du 20 mars 1861 ;

Sur le rapport de notre Ministre Secrétaire d'Etat au département de la marine et des colonies;

Le conseil d'amirauté entendu,

Avons décrété et décrétons ce qui suit :

ART. 1er.

Les articles 8, §§ 3 et 4; 13, § 9 nouveau; 22, 23, §§ 3 et 10; 26, § 5; 31 et 42 du décret précité, sont modifiés ainsi qu'il suit :

ART. 8, § 3. — « A la fin de la cinquième année de jouissance, chaque capitaine constatera, par un » procès-verbal signé de deux capitaines voisins, l'état de l'établissement qu'il aura formé et occupé, » lequel consistera dans le chauffaud, ses orgages et ses tenailles, les cabanes et leurs portes, les étaux, » lavoirs, garde-poissons, rances à bascules et cajots; il laissera ledit établissement dans la situation où » il se trouvera. »

§ 4. — « Quant aux autres objets, tels que traineaux, bateaux, avirons et autres ustensiles, le capitaine » pourra les enlever, afin que l'armateur propriétaire en dispose à son gré. »

ART. 13, § 9 NOUVEAU. — « On entend par occuper une place y déposer le nombre d'hommes d'équipage » voulu par la série à laquelle le navire appartient; faire pêche effective dans le havre, trancher et saler » à la place les produits de la pêche; y former et entretenir l'établissement complet de pêche. Cette » explication, toutefois, ne concerne que les places de la côte Est et celles des havres du nouveau Port-» aux-Choix, anse de Barbacé, île des Sauvages et île Saint-Jean à la côte Ouest.

» Toute place de la côte Est ou des havres sus-désignés de la côte Ouest qui ne sera point ainsi oc-» cupée perdra ses droits à l'armement des seines. »

ART. 22. — « Aucun capitaine ne pourra, sauf les exceptions ci-après, établir son navire pour faire » pêche ou sécherie dans un havre autre que celui qui lui aura été assigné par le bulletin de mise en

» possession, sous peine de 500 francs d'amende, indépendamment d'une interdiction de commandement »

« Les bateaux à la ligne de main, expédiés en dégrat, seront admis à pêcher, trancher et saler dans » tous les havres et même à sécher sur les terrains vacants desdits havres.

» Le dégrat des bateaux pêchant aux harouelles est autorisé à la côte Ouest, mais seulement dans les » baies communes et dans les havres inoccupés.

» La défense portée par le premier § du présent article est sans préjudice des arrangements qui pour» ront être faits à l'amiable entre les armateurs ou capitaines pour l'occupation réciproque, par leurs na» vires, des havres et des places qui leur auront été respectivement affectés sur l'une et l'autre côte, et » elle ne s'étend pas aux havres absolument inoccupés, où les bâtiments pourront se placer et auront la » faculté de conserver la place en faisant au retour du voyage l'abandon de celle déjà concédée.

» Toutefois, aucun échange de places entre deux armateurs différents ne sera valable que s'il y a » expédition des deux parts.

» En cas de non expédition de l'un des deux navires, la place qui lui appartenait avant l'échange » tombera dans le domaine public.

» Les navires pêcheurs de la côte Ouest sont autorisés à s'établir pour sécher leurs produits de pêche, » soit dans les havres absolument inoccupés de la côte Est, soit sur une place inoccupée de la même » côte, soit aussi par adjonction mutuellement consentie avec un des navires concessionnaires.

» En aucun cas ces bâtiments, non plus que leurs équipages, ne pourront se livrer à la pêche, même » à la ligne, à la côte Est.

» Les navires concessionnaires de places à la côte Est pourront aller avec leurs seines ou envoyer » leurs bateaux de seine dans tous les havres inoccupés de ladite côte.

» Les dégrats de navires et de seines dans les havres occupés de la côte Est sont interdits d'une » manière absolue.

» Les équipages des navires naufragés sont autorisés à s'établir, pour faire pêche et sécherie, sur » toute place inoccupée, et même à s'adjoindre à tout navire concessionnaire, si celui-ci n'y met obstacle.

» Ces équipages conserveront le droit de faire usage de leurs seines.

» Nonobstant la perte de leurs bâtiments, ils seront tenus de remplir tous les engagements par eux » contractés en vue de la campagne, à charge par l'armateur, représenté en son absence par le capi» taine, de pourvoir à ses frais à leur rapatriement, ainsi qu'à leur entretien et à leur subsistance, et » d'exécuter intégralement de son côté les stipulations du contrat.

» Il ne pourra, dans l'intervalle d'un tirage à l'autre, être créé de nouvelles places, à moins que toutes » celles soumises au tirage n'aient été concédées. »

Art. 23, § 3. — « La pêche est libre, au contraire, pour tous les navires pêcheurs sans exception » expédiés à la côte Ouest dans toutes les baies où il n'est pas créé de places particulières et qui sont » désignées sur le tableau de répartition des places comme affectées à l'exploitation commune. Ces baies » sont celles de Port-à-Port avec ses divers mouillages, des Iles avec toutes les rades qui en dépendent, » de Bonne-Baie, de Tête-de-Vache, de Sainte-Marguerite avec l'anse du Nouveau-Férolle et de l'Anse» aux-Fleurs. »

§ 10. — « On entend par occuper une place à la côte Ouest (sauf la réserve faite par l'art. 13 relati» vement aux havres du Nouveau-Port-au-Choix, de l'anse Barbacé, de l'Ile-aux-Sauvages et de l'île » Saint-Jean) mouiller au moins une fois dans le havre où l'on est concessionnaire d'une place. Il suffit » de paraître parmi les pêcheurs du Golfe, si l'on est pourvu d'un bulletin d'autorisation de pêche. »

Art. 26, § 5. — « Les bateaux, les sels et les autres objets laissés à la côte et qui n'auront pas été » enlevés par le propriétaire du 1er au 10 septembre de la seconde année, à partir de l'époque de l'oc» cupation, seront vendus à l'encan, à la diligence du prud'homme, au profit du propriétaire, à la charge » par l'acquéreur de les enlever dans la quinzaine qui suivra la vente. »

Art. 31. — (1) « L'usage des lignes de fond ou harouelles n'est autorisé qu'à la côte Ouest de Terre-» Neuve.

» Les chaloupes pêchant avec des harouelles sont affectées aux places et leur nombre dépend du rang » de série des dites places.

» Les places de première série pourront en armer trois, celles de deuxième série deux, et celles de » troisième série une seulement.

» Ces chaloupes n'auront pas le droit de faire lever les bateaux pêchant à la ligne de main et récipro-» quement. »

Art. 42. — « La pêche du saumon au moyen de barrages ou de rets pourra se faire dans les ruisseaux, » ainsi que dans les rivières, mais jamais le long des côtes. »

Art. 2.

Le § suivant est ajouté, entre les §§ 2 et 3, à l'art. 13 du décret du 2 mars 1852;

« Avant d'être admis à prendre part à un tirage partiel, tout armateur déjà concessionnaire de places à » Terre-Neuve, devra s'engager à y expédier le même nombre de navires que l'année précédente, ou » déclarer que son intention est de faire abandon de telle ou telle place, le tout sous peine des amendes » portées ci-dessus, dont le chiffre sera toutefois réduit proportionnellement au nombre d'années restant » à courir jusqu'à l'époque du renouvellement intégral des concessions. »

Art. 3.

La disposition suivante est ajoutée au décret du 2 mars 1852 sus-visé :

Art. 25 *bis*. — « Les amers servant à indiquer l'entrée des havres seront entretenus par les capitaines » les plus voisins des dits havres.

» En cas de difficulté, le prud'homme pêcheur compétent statuera. »

Art. 4.

Notre Ministre Secrétaire d'Etat au département de la marine et des colonies est chargé de l'exécution du présent décret, qui sera inséré au Bulletin des Lois et au Bulletin officiel de la marine.

Fait au Palais des Tuileries, le 22 mars 1862.

*Signé* : NAPOLÉON.

PAR L'EMPEREUR :

*Le Ministre Secrétaire d'État de la marine et des colonies,*

Signé : Cte P. DE CHASSELOUP-LAUBAT.

POUR COPIE CONFORME :

*Le Conseiller d'État, directeur du Personnel,*

Signé : LAYRLE.

---

(1) Aux termes de la dépêche ministérielle du 26 février 1872 (page 18 du Recueil), cet article sera inséré, dans le nouveau décret, sous la rédaction suivante proposée, tant en 1867 qu'en 1872, par l'Assemblée générale des armateurs :

» L'usage des lignes de fond ou harouelles est autorisé tant à la côte Ouest qu'à la côte Est de Terre-Neuve, mais » seulement à partir du 15 août pour cette dernière côte.

» Les chaloupes pêchant avec des harouelles sont affectées aux places, et leur nombre dépend de la série des navires » occupants.

« Les places de 1re série pourront en armer trois; celles de 2e série, deux, pourvu que les unes et les autres soient » occupées par des navires d'une série au moins égale. Si les bâtiments sont d'une série inférieure, le nombre des cha-» loupes sera déterminé par la série de la place correspondant à celle de ces bâtiments. Dans aucun cas, il n'en pourra » être armé plus d'une, dans les places de 3e série.

» Ces chaloupes n'auront pas le droit de faire lever les bateaux pêchant à la ligne de main, et réciproquement. »

# TABLEAU

DE

# RÉPARTITION

# TABLE ALPHABÉTIQUE

## DES HAVRES DE L'ILE DE TERRE-NEUVE

### COTE OUEST.



### COTE EST.

PORT
de Saint-Servan

MARINE & COLONIES

ANNÉE
1872

# PÊCHE DE LA MORUE

## TABLEAU

## DES HAVRES DE L'ILE DE TERRE-NEUVE

**Depuis le cap de Raye (remontant par le Nord) jusqu'au cap Saint-Jean**

ET

## RÉPARTITION DES PLACES DE PÊCHE

**Assignées aux Armateurs français, à compter de 1872, en conséquence du tirage général qui a eu lieu à Saint-Servan le 5 janvier 1872, conformément au décret du 2 mars 1852.**

## INDICATION

### DES SÉRIES DES NAVIRES ET DE LA FORCE DES ÉQUIPAGES

| | | |
|---|---|---|
| 1re Série..... | 158 tonneaux et au-dessus........ | 50 hommes d'équipage au moins. |
| 2e Série..... | 100 à 158 tonneaux exclusivement.. | 30 hommes d'équipage. |
| 3e Série..... | Au-dessous de 100 tonneaux....... | 20 hommes d'équipage, si le navire ne doit pas armer une seine, et 25 s'il doit en faire usage. |

## CÔTE DE L'OUEST

| NOMS DES HAVRES | NUMÉROS ET NOMS DES PLACES DE PÊCHE comprises dans chaque havre | NOMBRE DE BATEAUX que chaque place peut contenir ET SÉRIE à laquelle cette place appartient — 1re 15 bateaux et au-dessus | 2e 10 à 15 bateaux | 3e 9 bateaux et au-dessous | NOMS DES ARMATEURS CONCESSIONNAIRES | DOMICILE | NOMS DES NAVIRES | PORT en tonneaux | NOMS, PRÉNOMS et dates de naissance DES CAPITAINES | FORCE des équipages | PORT D'OÙ CHAQUE NAVIRE DOIT ÊTRE EXPÉDIÉ | OBSERVATIONS |
|---|---|---|---|---|---|---|---|---|---|---|---|---|
| Cod-Roy | N° 1, sud de l'île de Cod-Roy | » | 12 | » | | | | | | | | |
| | N° 2, nord de l'île de Cod-Roy | » | 10 | » | | | | | | | | Quatre places de bateaux seront réservées, dans ce havre, pour les pêcheurs de Saint-Pierre et Miquelon. |
| | N° 3, à la Grande-Terre | » | 12 | » | | | | | | | | |
| Saint-Georges | » | » | » | » | Ce havre continuera d'être réservé pour les petites goélettes des îles Saint-Pierre et Miquelon. | | | | | | | |
| Ile-Rouge | *Une place* | 15 | » | » | L. Hovius fils | Saint-Malo. | Concession spéciale | ...... | ...... | ...... | ...... | Même observation que pour Cod-Roy. |
| Port-à-Port | » | » | » | » | Ce havre est affecté à l'exploitation commune de la pêche. | | | | | | | |
| Petit Havre ou Petit Port. La grève de ce havre est divisée en six parties et il en est affecté une à chaque place pour l'échouage des bateaux. | N° 1 | » | 10 | » | | | | | | | | Sécherie N° 1, pointe S. de l'île du Vieux-Férolle |
| | 2 | » | 10 | » | | | | | | | | Sécherie N° 2, id. |
| | 3 | » | 10 | » | | | | | | | | Sécherie N° 3, id. |
| | 4 | » | 10 | » | | | | | | | | Sécherie n° 1, pointe de Brig-Baie. |
| | 5 | » | » | 8 | | | | | | | | Sécherie N° 2, id. |
| | 6 | » | » | 8 | | | | | | | | Sécherie N° 3, id. |
| Anse à Bois | N° 1, babord en entrant | 15 | » | » | | | | | | | | |
| | 2 | 15 | » | » | | | | | | | | |
| Baie des Iles | » | » | » | » | Ces havres sont affectés à l'exploitation commune de la pêche. | | | | | | | |
| Bonne-Baie | » | » | » | » | | | | | | | | |
| Havre des Roches | N° 1, tribord en entrant | » (pour | 12 mémoire) | » | | | | | | | | Sécherie N° 1, pointe N. de l'île du Vieux-Férolle. |
| | N° 2, dans le fond | » (pour | 12 mémoire) | » | | | | | | | | Sécherie N° 2, id. |

| NOMS DES HAVRES | NUMEROS ET NOMS DES PLACES DE PÊCHE comprises DANS CHAQUE HAVRE | NOMBRE DE BATEAUX que chaque place peut contenir ET SÉRIE à laquelle cette place appartient | | | NOMS DES ARMATEURS CONCESSIONNAIRES | DOMICILE | NOMS DES NAVIRES | PORT en tonneaux | NOMS, PRÉNOMS et dates de naissance DES CAPITAINES | FORCE des équipages | PORT D'OÙ CHAQUE NAVIRE DOIT ÊTRE EXPÉDIÉ | OBSERVATIONS |
|---|---|---|---|---|---|---|---|---|---|---|---|---|
| | | 1re — 16 bateaux et au-dessus | 2e — 10 à 15 bateaux | 3e — 8 bateaux et au-dessous | | | | | | | | |
| TÊTE-DE-VACHE........ | » | » | » | » | Ce havre est affecté à l'exploitation commune de la pêche. | | | | | | | |
| INGARNACHOIX........ | N° 1, l'île Koppel...... | 20 | » | » | | | | | | | | |
| | N° 2, port Swendor.... | 20 | » | » | | | | | | | | |
| NOUVEAU PORT-AU-CHOIX............. | N° 1, Blanchariat...... | 15 | » | » | | | | | | | | |
| | N° 2, le Sud-Ouest..... | 15 | » | » | | | | | | | | |
| | N° 3, dite l'Enfer...... | » | 12 | » | | | | | | | | |
| | N° 4, Guérata.. ...... | 15 | » | » | | | | | | | | |
| ANSE DE BARBACÉ..... | N° 1, sur trib. en entrant | » | » | 8 | | | | | | | | |
| | N° 2, sur bab. en entrant | » | 12 | » | | | | | | | | Le régime de la côte Est, en ce qui concerne l'occupation des places de pêche, est applicable aux havres de : Nouveau Port au Choix ; Anse de Barbacé ; Ile des Sauvages, et Ile Saint-Jean |
| ILE DES SAUVAGES..... | *Une seule place*....... | 20 | » | » | | | | | | | | |
| ILE SAINT-JEAN........ | N° 1, sur trib. en entrant | 15 | » | » | | | | | | | | |
| | N° 2, le fond.......... | » (pour | 12 mémoire) | » | | | | | | | | |
| | N° 3, sur bab. en entrant dans le fond......... | » (pour | 12 mémoire) | » | | | | | | | | |
| | N° 4, sur bab. à l'entrée. | 15 | » | » | | | | | | | | |
| | N° 5, havre de la Tourelle............... | » | 12 | » | | | | | | | | |
| BAIE DE SAINTE-MARGUERITE ET ANSE DU NOUVEAU-FÉROLLE....... | » | » | » | » | Ces havres sont affectés à l'exploitation commune de la pêche. | | | | | | | |

| NOMS DES HAVRES | NUMÉROS ET NOMS DES PLACES DE PÊCHE comprises DANS CHAQUE HAVRE | NOMBRE DE BATEAUX que chaque place peut contenir ET SÉRIE à laquelle cette place appartient | | | NOMS DES ARMATEURS CONCESSIONNAIRES | DOMICILE | NOMS DES NAVIRES | PORT et tonneaux | NOMS, PRÉNOMS et dates de naissance DES CAPITAINES | FORCE des équipages | PORT D'OÙ CHAQUE NAVIRE DOIT ÊTRE EXPÉDIÉ | OBSERVATIONS |
|---|---|---|---|---|---|---|---|---|---|---|---|---|
| | | 1re — 15 bateaux et au-dessus | 2e — 10 à 14 bateaux | 3e — 9 bateaux et au-dessous | | | | | | | | |
| Vieux-Férolle | N° 1, babord en entrant dans Brig Baie | 15 (pour | » même | » lot) | | | | | | | | |
| | N° 2, Ile Fish | 15 (pour | » même | » lot) | | | | | | | | |
| Baie Sainte-Barbe | N° 1, première de trib. en entrant | » (pour | 12 même | » lot) | | | | | | | | |
| | N° 2, contigué | » (pour | 12 même | » lot) | | | | | | | | |
| Pointe de l'Ancre | Une seule place | » (pour | 12 même | » lot) | | | | | | | | |
| Anse aux Fleurs | Une seule place | » | » | » | Ce havre est affecté à l'exploitation commune de la pêche. | | | | | | | |
| | | | | | CÔTE | DE | L'EST | | | | | |
| Havre de Cook | N° 1, tribord en entrant | 15 | » | » | | | | | | | | |
| | N° 2, anse à la neige | 15 | » | » | | | | | | | | |
| | N° 3, contigué dans le fond | » | 12 | » | | | | | | | | |
| Baie de Hara | Une seule place | 15 | » | » | | | | | | | | |
| Cap d'Oignon | Une seule place | 15 | » | » | | | | | | | | |
| Baie du Sacre | N° 1, tribord en entrant | » (pour | 12 même | » lot) | | | | | | | | |
| | N° 2, babord en entrant | » (pour | 12 même | » lot) | | | | | | | | |
| Anse à Médée | N° 1, dans le fond | 15 | » | » | | | | | | | | |
| | N° 2, tribord en entrant par le cap d'Artimon | » | 10 | » | | | | | | | | |
| Baie aux Mauves | N° 1, tribord en entrant dans le fond | 15 | » | » | | | | | | | | |
| | N° 2, dans le fond | 15 | » | » | | | | | | | | |
| | N° 3, l'Amirauté | 15 | » | » | | | | | | | | |

| NOMS DES HAVRES | NUMÉROS ET NOMS DES PLACES DE PÊCHE comprises DANS CHAQUE HAVRE | NOMBRE DE BATEAUX que chaque place peut contenir ET SÉRIE à laquelle cette place appartient | | | NOMS DES ARMATEURS CONCESSIONNAIRES | DOMICILE | NOMS DES NAVIRES | PORT en tonneaux | NOMS, PRÉNOMS et dates de naissance DES CAPITAINES | FORCE des équipages | PORT D'OÙ CHAQUE NAVIRE DOIT ÊTRE EXPÉDIÉ | OBSERVATIONS |
|---|---|---|---|---|---|---|---|---|---|---|---|---|
| | | 1re — 15 bateaux et au-dessus | 2e — 10 à 15 bateaux | 3e — 8 bateaux et au-dessous | | | | | | | | |
| Le Kirpon | N° 1, l'Amirauté | 15 | » | » | | | | | | | | |
| | N° 2, la pointe à l'Alun | 15 | » | » | | | | | | | | |
| | N° 3, l'Ilot au Marchand et Grande-Terre | 20 | » | » | | | | | | | | |
| | N° 4, les Ilots | 20 | » | » | | | | | | | | |
| | N° 5, l'anse aux Pigeons | » (pour | 10 mémoire) | » | | | | | | | | |
| | N° 6, la côte de l'Ouest | » | 10 | » | | | | | | | | |
| | N° 7, l'île du Dégrat | » | 10 | » | | | | | | | | |
| | N° 7 *bis*, l'île du Dégrat | 15 | » | » | | | | | | | | |
| | N° 8, l'Amirauté de Jacques Cartier | 15 | » | » | | | | | | | | |
| | N° 9, Coupe-Soulier | » | 12 | » | | | | | | | | |
| | N° 9 *bis*, Coupe-Soulier | » | 10 | » | | | | | | | | |
| | N° 10, grand et petit Sceau | » | 12 | » | | | | | | | | |
| | N° 11, pointe d'Orléans | » | 10 | » | | | | | | | | |
| | N° 12, la pointe Verte | 15 | » | » | | | | | | | | |
| | N° 13, la pointe Noble (Avec échouage, pour les réclamations entre la pointe d'Orléans et la pointe Verte.) | 15 | » | » | | | | | | | | |
| | N° 14, la côte de l'est, babord en entrant | » | » | 6 | | | | | | | | |
| Baie du Nord | N° 1, 1er tribord en entrant, pointe à l'Anglais | » | » | 6 | | | | | | | | |
| | N° 2, autrefois N° 1 baie du Nord, 2e trib. en entrant | 15 | » | » | | | | | | | | |
| | N° 3, le fond | » | » | 6 | | | | | | | | |

| NOMS DES HAVRES | NUMÉROS ET NOMS DES PLACES DE PÊCHE comprises DANS CHAQUE HAVRE | NOMBRE DE BATEAUX que chaque place peut contenir ET SÉRIE à laquelle cette place appartient | | | NOMS DES ARMATEURS CONCESSIONNAIRES | DOMICILE | NOMS DES NAVIRES | PORT en tonneaux | NOMS, PRÉNOMS et dates de naissance DES CAPITAINES | FORCE des équipages | PORT D'OÙ CHAQUE NAVIRE DOIT ÊTRE EXPÉDIÉ | OBSERVATIONS |
|---|---|---|---|---|---|---|---|---|---|---|---|---|
| | | 1re — 15 bateaux et au-dessus | 2e — 10 à 15 bateaux | 3e — 9 bateaux et au-dessous | | | | | | | | |
| LES CRIQUETS ET LE CAP BLANC | N° 1, pointe aux Ancres | 15 | » | » | | | | | | | | |
| | N° 2, sur l'île du Chameau, bras du sud-ouest | » (pour | » mémoire) | 6 | | | | | | | | |
| | N° 3, l'îlot du cap Blanc | » (pour | » mémoire) | 6 | | | | | | | | |
| | N° 4, l'île à Pichard | » (pour | 10 mémoire) | » | | | | | | | | |
| | N° 5, qui était le N° 4 du cap Blanc | » (pour | » mémoire) | 8 | | | | | | | | |
| | N° 6, qui était le N° 3 d° | » (pour | » mémoire) | 8 | | | | | | | | |
| | N° 7, qui était le N° 2 d° | » (pour | » mémoire) | 8 | | | | | | | | |
| | N° 8, qui était le N° 1 d° | » (pour | 10 mémoire) | » | | | | | | | | |
| | N° 9, la pointe à l'Émeraude | 20 | » | » | | | | | | | | |
| | N° 10, pointe à l'Auguste | » (pour | » mémoire) | 6 | | | | | | | | |
| | N° 11, Quatre-Oreilles | » (pour | 12 mémoire) | » | | | | | | | | |
| | N° 12, l'île de l'Amirauté | 15 | » | » | | | | | | | | |
| BAIE SAINT-LUNAIRE | N° 1, première de tribord en entrant | » | 10 | » | | | | | | | | |
| | N° 2, sur une île, tribord en entrant | » (pour | 12 mémoire) | » | | | | | | | | |
| | N° 3, qui était le N° 4, babord en entrant | 15 | » | » | | | | | | | | |
| | N° 4, qui était le N° 3 | » | 12 | » | | | | | | | | |
| | N° 5, qui était le N° 2 | » | 12 | » | | | | | | | | |
| | N° 6, l'Amirauté | 20 | » | » | | | | | | | | |
| PETITS-BRÉHATS | Une seule place | » | 12 | » | | | | | | | | |

| NOMS DES HAVRES | NUMÉROS ET NOMS DES PLACES DE PÊCHE comprises DANS CHAQUE HAVRE | NOMBRE DE BATEAUX que chaque place peut contenir ET SÉRIE à laquelle cette place appartient | | | NOMS DES ARMATEURS CONCESSIONNAIRES | DOMICILE | NOMS DES NAVIRES | PORT en tonneaux | NOMS, PRÉNOMS et dates de naissance DES CAPITAINES | FORCE des équipages | PORT D'OÙ CHAQUE NAVIRE DOIT ÊTRE EXPÉDIÉ | OBSERVATIONS |
|---|---|---|---|---|---|---|---|---|---|---|---|---|
| | | 1re — 15 bateaux et au-dessus | 2e — 10 à 15 bateaux | 3e — 9 bateaux et au-dessous | | | | | | | | |
| L'Anse Verte......... | *Une seule place*....... | » | 10 | » | | | | | | | | |
| Grands-Bréhata....... | Nº 1, l'Amirauté....... | 20 | » | » | | | | | | | | |
| | Nº 2, contiguë dans le fond............... | 18 | » | » | | | | | | | | |
| | Nº 3, place nouvelle dans le fond............ | 15 | » | » | | | | | | | | |
| Baie Saint-Antoine... | Nº 1, Dos-de-Cheval.... | 15 | » | » | | | | | | | | |
| | Nº 2, l'Amirauté....... | 20 | » | » | | | | | | | | |
| | Nº 3, Petit-Jérémie..... | » | » | 8 | | | | | | | | |
| | Nº 4, Grand-Jérémie.... | » | 12 | » | | | | | | | | |
| | Nº 5, la pointe à la Marguerite............. | » | 12 | » | | | | | | | | |
| | Nº 6, la côte de l'Ouest. | » | 10 | » | | | | | | | | |
| La Crémaillère....... | Nº 1, pointe aux Ancres. | 20 | » | » | | | | | | | | |
| | Nº 2, l'Amirauté....... | 20 | » | » | | | | | | | | |
| | Nº 3, les Galets........ | 20 | » | » | | | | | | | | |
| | Nº 4, la Grande-Rochelle. | » (pour | 12 mémoi | re) » | | | | | | | | |
| | Nº 5, la Petite-Rochelle. | » (pour | 12 mémoi | re) » | | | | | | | | |
| | Nº 6, le Banc-à-l'Ours.. | » (pour | 10 mémoi | re) » | | | | | | | | |
| Trois-Montagnes...... | Nº 1, l'anse à la Vierge.. | » | 10 | » | | | | | | | | |
| | Nº 2, sur tribord dans le fond............... | 15 | » | » | | | | | | | | |
| | Nº 3, sur babord du havre | » | » | 8 | | | | | | | | |

| NOMS DES HAVRES | NUMÉROS ET NOMS DES PLACES DE PÊCHE comprises DANS CHAQUE HAVRE | NOMBRE DE BATEAUX que chaque place peut contenir ET SÉRIE à laquelle cette place appartient | | | NOMS DES ARMATEURS CONCESSIONNAIRES | DOMICILE | NOMS DES NAVIRES | PORT en tonneaux | NOMS, PRÉNOMS et dates de naissance DES CAPITAINES | FORCE des équipages | PORT D'OÙ CHAQUE NAVIRE DOIT ÊTRE EXPÉDIÉ | OBSERVATIONS |
|---|---|---|---|---|---|---|---|---|---|---|---|---|
| | | 1re — 15 bateaux et au-dessus | 2e — 10 à 15 bateaux | 3e — 9 bateaux et au-dessous | | | | | | | | |
| Les Petites-Oies | N° 1, le Loup-Marin | 18 | » | » | | | | | | | | |
| | N° 2, l'Amirauté | 18 | » | » | | | | | | | | |
| | N° 3, la Plaine | 25 | » | » | | | | | | | | |
| | N° 4, première du fond | » | 12 | » | | | | | | | | |
| | N° 5, seconde du fond | » | 10 | » | | | | | | | | |
| | N° 6, la Cigale | 16 | » | » | | | | | | | | |
| Île de Fichot | N° 1, l'anse à l'eau | 18 | » | » | | | | | | | | |
| | N° 2, Pauvretie | 15 | » | » | | | | | | | | |
| | N° 3, le Grand-Sud-Ouest | 20 | » | » | | | | | | | | |
| | N° 4, le Petit-Sud-Ouest | » | 12 | » | | | | | | | | |
| | N° 5, le Nord-Est | 20 | » | » | | | | | | | | |
| | N° 6, l'Ilot et Serpillière | » | 12 | » | | | | | | | | |
| | N° 7, l'île Fromy, première partie | 25 | » | » | | | | | | | | |
| | N° 8, deuxième partie de l'île Fromy | » | » | 8 | | | | | | | | |
| Le havre du Four | *Une seule place* | » | 10 | » | | | | | | | | |
| Les Petites-Ilettes | N° 1, l'Amirauté | 20 | » | » | | | | | | | | |
| | N° 2, Mont-à-Regret | 15 | » | » | | | | | | | | |
| | N° 3, le fond | » | 10 | » | | | | | | | | |

| NOMS DES HAVRES | NUMÉROS ET NOMS DES PLACES DE PÊCHE comprises DANS CHAQUE HAVRE | NOMBRE DE BATEAUX que chaque place peut contenir ET SÉRIE à laquelle cette place appartient | | | NOMS DES ARMATEURS CONCESSIONNAIRES | DOMICILE | NOMS DES NAVIRES | PORT en tonneaux | NOMS, PRÉNOMS et dates de naissance DES CAPITAINES | FORCE des équipages | PORT D'OÙ CHAQUE NAVIRE DOIT ÊTRE EXPÉDIÉ | OBSERVATIONS |
|---|---|---|---|---|---|---|---|---|---|---|---|---|
| | | 1re — 15 bateaux et au-dessus | 2e — 10 à 15 bateaux | 3e — 9 bateaux et au-dessous | | | | | | | | |
| Les Grandes-Ilettes... | *Une seule place*...... | 15 | » | » | | | | | | | | |
| Les Grandes-Oies..... | N° 1, île des Grandes-Oies | » | 12 | » | | | | | | | | |
| | N° 2, place nouvelle dans le fond........... | » (pour | » bateaux | 6 ire; | | | | | | | | |
| | N° 3, le Sud-Ouest...... | 18 | » | » | | | | | | | | |
| Petits-Saints-Juliens. | N° 1, première de babord en entrant......... | » (pour | 12 volonta | » ire) | | | | | | | | |
| | N° 2, contiguë dans le fond | 15 | » | » | | | | | | | | |
| Grands-Saints-Juliens. | N° 1, Pointe-à-l'Aurore.. | 30 | » | » | | | | | | | | |
| | N° 2, les Chats......... | » (pour | » bateaux | 6 ire; | | | | | | | | |
| | N° 3, l'Amirauté........ | 25 | » | » | | | | | | | | |
| Ile des Saints-Juliens. | N° 1, tribord dans l'anse. | » | 10 | » | | | | | | | | |
| | N° 2, le Sud-Ouest, babord dans l'anse...... | 18 | » | » | | | | | | | | |
| Le Croc............. | N° 1, les Groais........ | 15 | » | » | | | | | | | | |
| | N° 2, la Genille........ | 16 | » | » | | | | | | | | |
| | N° 3, le Petit-Maître ... | 15 | » | » | | | | | | | | |
| | N° 4, la Plaine......... | 25 | » | » | | | | | | | | |
| Anse-aux-Millions..... | *Une seule place*........ | » | » | 4 | | | | | | | | |
| Belle-Ile............. | N° 1, sur trib. en entrant. | 18 | » | » | | | | | | | | |
| | N° 2, dans le fond à babord | » | 12 | » | | | | | | | | |
| Anse-du-Pilier........ | *Une seule place*........ | » | » | 8 | | | | | | | | |

| NOMS DES HAVRES | NUMEROS ET NOMS DES PLACES DE PÊCHE comprises DANS CHAQUE HAVRE | NOMBRE DE BATEAUX que chaque place peut contenir ET SÉRIE à laquelle cette place appartient | | | NOMS DES ARMATEURS CONCESSIONNAIRES | DOMICILE | NOMS DES NAVIRES | PORT en tonneaux | NOMS, PRÉNOMS et dates de naissance DES CAPITAINES | FORCE des équipages | PORT D'OU CHAQUE NAVIRE DOIT ÊTRE EXPÉDIÉ | OBSERVATIONS |
|---|---|---|---|---|---|---|---|---|---|---|---|---|
| | | 1re — 15 bateaux et au-dessus | 2e — 10 à 14 bateaux | 3e — 9 bateaux et au-dessous | | | | | | | | |
| Cap-Rouge | N° 1, le Banc-à-la-Truite | 16 | » | » | | | | | | | | |
| | N° 2, le Grand-Dégrat | 20 | » | » | | | | | | | | |
| | N° 3, le Petit-Dégrat | 20 | » | » | | | | | | | | |
| | N° 3 *bis*, le Tertre | » | 10 | » | | | | | | | | |
| | N° 4, le Craquelin | 16 | » | » | | | | | | | | |
| | N° 5, le Goquelin | 18 | » | » | | | | | | | | |
| | N° 6, l'ancienne Amirauté | 15 | » | » | | | | | | | | |
| | N° 7, le Fond | 16 | » | » | | | | | | | | |
| | N° 8, le Grand-Désespoir, partie du Nord | » | 10 | » | | | | | | | | |
| | N° 8 *bis*, le Grand Désespoir, partie Sud | » | 10 | » | | | | | | | | |
| | N° 9, le Petit-Désespoir, partie Ouest | » | 12 | » | | | | | | | | |
| | N° 9 *bis*, le Nouveau-Désespoir, partie Est | 15 | » | » | | | | | | | | |
| | N° 10, le Champ-Paga | 25 | » | » | | | | | | | | |
| La Conche | N° 1, le Grand-Sud-Ouest | 20 | » | » | | | | | | | | |
| | N° 2, la Crique (Anciens N°s 2 et 3.) | 15 | » | » | | | | | | | | |
| | N° 3, Pointe-aux-Ancres | 20 | » | » | | | | | | | | |
| | N° 4, la Flague | 20 | » | » | | | | | | | | |
| | N° 5, contigué dans le fond | » | 12 | » | | | | | | | | |
| | N° 6, première de la Martinique | 15 | » | » | | | | | | | | |

| NOMS DES HAVRES | NUMÉROS ET NOMS DES PLACES DE PÊCHE comprises DANS CHAQUE HAVRE | NOMBRE DE BATEAUX que chaque place peut contenir ET SÉRIE à laquelle cette place appartient | | | NOMS DES ARMATEURS CONCESSIONNAIRES | DOMICILE | NOMS DES NAVIRES | PORT en tonneaux | NOMS, PRÉNOMS et dates de naissance DES CAPITAINES | FORCE des équipages | PORT D'OÙ CHAQUE NAVIRE DOIT ÊTRE EXPÉDIÉ | OBSERVATIONS |
|---|---|---|---|---|---|---|---|---|---|---|---|---|
| | | 1re — 15 bateaux et au-dessus | 2e — 10 à 15 bateaux | 3e — 9 bateaux et au-dessous | | | | | | | | |
| Boutitou | N° 1, l'Anse-aux-Navires. (Ancien N° 2.) | 15 | » | » | | | | | | | | |
| | N° 2, contigué (Ancien N° 1.) | 15 | » | » | | | | | | | | |
| Les Aiguillettes | N° 1, Morne-au-Lion | » (pour | 12 mémo | » ire) | | | | | | | | |
| | N° 2, l'Ile Verte | 15 | » | » | | | | | | | | |
| | N° 3, le Champ-du-Merle | » (pour | 10 mémo | » ire) | | | | | | | | |
| | N° 4, le Banc-à-la-Madeleine et l'Ilot | » (pour | 12 mémo | » ire) | | | | | | | | |
| Les Canaries | N° 1, Pointe-Blanche | 18 | » | » | | | | | | | | |
| | N° 2, Banc-à-l'Ours | » (pour | 12 mémo | » ire) | | | | | | | | |
| | N° 3, le Briha-Chaud | » | 10 | » | | | | | | | | |
| | N° 4, le Fond-de-l'Amirauté | 15 | » | » | | | | | | | | |
| | N° 5, première de l'Amirauté comprenant l'ancien N° 6 | 15 | » | » | | | | | | | | |
| | N° 6, la Côte-de-l'Est | » | 12 | » | | | | | | | | |
| Baincé | *Une seule place* | 15 | » | » | | | | | | | | |
| Le Dégrat-du-Cheval | *Une seule place* | 15 | » | » | | | | | | | | |
| Sans-Fond | N° 1, Mont-à-Regret sur tribord | » (pour | 10 mémo | » ire) | | | | | | | | |
| | N° 2, le Briha ou la Plaine | 16 | » | » | | | | | | | | |
| | N° 3, l'Amirauté sur bab. | 16 | » | » | | | | | | | | |
| Fourché | N° 1, dans la baie du Nord-Ouest | 15 (pour | » mémo | » ire) | | | | | | | | |
| | N° 2, dans la baie du Nord-Est | » (pour | » mémo | 6 ire) | | | | | | | | |

| NOMS DES HAVRES | NUMÉROS ET NOMS DES PLACES DE PÊCHE comprises DANS CHAQUE HAVRE | NOMBRE DE BATEAUX que chaque place peut contenir ET SÉRIE à laquelle cette place appartient | | | NOMS DES ARMATEURS CONCESSIONNAIRES | DOMICILE | NOMS DES NAVIRES | PORT en tonneaux | NOMS, PRÉNOMS et dates de naissance DES CAPITAINES | FORCE des équipages | PORT D'OÙ CHAQUE NAVIRE DOIT ÊTRE EXPÉDIÉ | OBSERVATIONS |
|---|---|---|---|---|---|---|---|---|---|---|---|---|
| | | 1re — 15 bateaux et au-dessus | 2e — 10 à 14 bateaux | 3e — 9 bateaux et au-dessous | | | | | | | | |
| ORANGE | N° 1, les Chats sur tribord | 20 (pour | » mémo | ire) » | | | | | | | | |
| | N° 2, Petit-Orange sur babord | » (pour | » mémo | ire) 8 | | | | | | | | |
| LES PETITES-VACHES | Une seule place | 20 (pour | » mémo | ire) » | | | | | | | | |
| LES GRANDES-VACHES | Une seule place | 16 (pour | » mémo | ire) » | | | | | | | | |
| LA FLEUR-DE-LIS | N° 1, la pointe sur tribord | 15 | » | » | | | | | | | | |
| | N° 2, l'Amirauté | 20 | » | » | | | | | | | | |
| | N° 3, les Santeurs | 18 | » | » | | | | | | | | |
| | N° 4, l'A-Propos | » | » | 6 | | | | | | | | |
| | N° 5, le Fond ou Banc-à-l'Ours | 18 | » | » | | | | | | | | |
| | N° 6, l'Ilot et la Grande-Terre | 15 | » | » | | | | | | | | |
| LA BAIE-VERTE | N° 1, dans l'anse du Pot-d'Étain | 15 | » | » | | | | | | | | |
| | N° 2, l'île du Pot-d'Étain | » (pour | 10 mémo | ire) » | | | | | | | | |
| LA BAIE-DES-PINS | N° 1, la Grande-Terre sur babord | 18 | » | » | | | | | | | | |
| | N° 2, l'Ilot des Pins | » | » | 6 | | | | | | | | |
| L'ILE-A-BOIS | Une seule place | » | 10 | » | | | | | | | | |
| PASQUET | N° 1, première de tribord en entrant | 20 | » | » | | | | | | | | |
| | N° 2, l'Amirauté | 20 | » | » | | | | | | | | |
| | N° 3, première de l'ancienne Amirauté (Anciens N° 3 et 4 réunis.) | 18 | » | » | | | | | | | | |
| | N° 4, la Pointe-Rouge sur babord | » (pour | » mémo | ire) 6 | | | | | | | | |

| NOMS DES HAVRES | NUMÉROS ET NOMS DES PLACES DE PÊCHE comprises dans chaque havre | NOMBRE DE BATEAUX que chaque place peut contenir ET SÉRIE à laquelle cette place appartient | | | NOMS DES ARMATEURS CONCESSIONNAIRES | DOMICILE | NOMS DES NAVIRES | PORT en tonneaux | NOMS, PRÉNOMS et dates de naissance DES CAPITAINES | FORCE des équipages | PORT D'OÙ CHAQUE NAVIRE DOIT ÊTRE EXPÉDIÉ | OBSERVATIONS |
|---|---|---|---|---|---|---|---|---|---|---|---|---|
| | | 1re — 15 bateaux et au-dessus | 2e — 10 à 14 bateaux | 3e — 9 bateaux et au-dessous | | | | | | | | |
| Le Grand Coup de Hache | N° 1, première pointe, première Anse....... | » (pour | » mémoire) | 8 | | | | | | | | |
| | N° 2, contiguë dans le fond | 15 (pour | » mémoire) | » | | | | | | | | |
| Le Petit Coup de Hache | N° 1, tribord en entrant | » (pour | » mémoire) | 8 | | | | | | | | |
| | N° 2, le Fond......... | » (pour | » mémoire) | 5 | | | | | | | | |
| | N° 3, sur babord....... | » (pour | » mémoire) | 8 | | | | | | | | |
| La Scie............. | N° 1, première de tribord en entrant.......... | 20 | » | » | | | | | | | | |
| | N° 2, une partie du fond contiguë........... | » | 12 | » | | | | | | | | |
| | N° 3, le Fond......... | 15 | » | » | | | | | | | | |
| | N° 4, le Briha......... | 20 | » | » | | | | | | | | |
| | N° 5, la partie du fond de la Pointe-Rouge...... | 15 | » | » | | | | | | | | |
| | N° 6, partie de la Pointe-Rouge en dehors..... | 15 | » | » | | | | | | | | |

# TABLEAU DES SAUMONNERIES DE L'ILE DE TERRE-NEUVE

ET

RÉPARTITION DE CES ÉTABLISSEMENTS ENTRE LES ARMATEURS INTÉRESSÉS, A COMPTER DE 1872, EN CONSÉQUEN DU TIRAGE GÉNÉRAL QUI A EU LIEU LE 5 JANVIER DE LA MÊME ANNÉE.

| NOMS DES HAVRES qui ont été appelés à concourir au tirage DES SAUMONNERIES. | NUMÉROS ET NOMS des SAUMONNERIES. | NOMS DES ARMATEURS CONCESSIONNAIRES. | DOMICILE. |
|---|---|---|---|
| | **CÔTE OUEST.** | | |
| PETIT-PORT | Nº 1. Rivière au Charbon<br>Nº 2. Rivière aux Truites | | |
| HAVRE DES ROCHES | Nº 3. Bonne-Baie | | |
| ILE KEPPEL | Nº 4. Mal-Baie ou rivière Pons | | |
| PORT SWENDER | | | |
| NOUVEAU PORT-AU-CHOIX | Nº 5. Rivière aux Castors | | |
| ANSE DE BARBACÉ | | | |
| ILE DES SAUVAGES | Nº 6. Baie de Sainte-Marguerite | | |
| ILE SAINT-JEAN | | | |
| VIEUX-FÉROLLE | Nº 7. Baie de Sainte-Geneviève | | |
| BAIE DE SAINTE-BARBE | | | |
| POINTE DE L'ANCRE | | | |
| | Nº 8. Baie Sainte-Barbe | | |
| | **CÔTE EST.** | | |
| HAVRE DE COOK | | | |
| BAIE DE HAHA | | | |
| CAP D'OIGNON | | | |
| BAIE DU SACRE | Nº 9. Baie du Pistolet | | |
| ANSE A MÉDÉE | | | |
| BAIE AUX MAUVES | | | |
| KIRPON | | | |
| TROIS-MONTAGNES | | | |
| PETITES-OIES | Nº 10. Rivière aux Saumons, dans la baie des Lièvres | | |
| FICHOT | | | |
| LE FOUR | Nº 11. Sainte-Baie, idem, dite saumonnerie Jourdan | | |
| PETITES-ILETTES | | | |
| BOUTITOU | | | |
| AIGUILLETTES | Nº 12. Bras de Bide, baie du Canada. | | |
| CANARIES | | | |
| RAINCÉ | | | |
| DÉGRAT-DU-CHEVAL | Nº 13. Le Fond, dans la baie du Canada | | |
| SANS-FOND | | | |
| FLEUR-DE-LIS | Nº 14. Bras de l'Ouest, baie Blanche. | | |

# LISTE INDICATIVE

## Des bâtiments dont les armateurs ont déclaré vouloir faire pêche dans les baies communes.

| NOMS des ARMATEURS. | DOMICILE. | NOMS des NAVIRES. | PORT en TONNEAUX. | FORCE des ÉQUIPAGES. | PORT D'OU CHAQUE NAVIRE DOIT ÊTRE EXPÉDIÉ. | OBSERVATIONS. |
|---|---|---|---|---|---|---|
| | | | | | | |

| NOMS des ARMATEURS. | DOMICILE. | NOMS des NAVIRES. | PORT en TONNEAUX. | FORCE des ÉQUIPAGES. | PORT D'OU CHAQUE NAVIRE DOIT ÊTRE EXPÉDIÉ. | OBSERVATIONS. |
|---|---|---|---|---|---|---|
| | | | | | | |

# RÉCAPITULATION

| QUARTIERS D'EXPÉDITION | NOMBRE des ARMATEURS | NOMBRE des BATIMENTS | TONNAGE des BATIMENTS | FORCE des ÉQUIPAGES |
|---|---|---|---|---|
| | CÔTE OUEST | | | |
| Saint-Malo-Saint-Servan ....... | | | | |
| Granville. .................... | | | | |
| Saint-Brieuc ................. | | | | |
| TOTAL. ........ | | | | |
| | CÔTE EST | | | |
| Saint-Malo-Saint-Servan ...... | | | | |
| Granville ........... ....... | | | | |
| Saint-Brieuc ................ | | | | |
| TOTAL ........ | | | | |
| REPORT DE LA CÔTE OUEST .. | | | | |
| TOTAL GÉNÉRAL. ....... | | | | |

Arrêté à Saint-Servan, le 187

**Le Chef du service de la marine,**

Typ. Oberthur et fils, à Rennes.

www.ingramcontent.com/pod-product-compliance
Ingram Content Group UK Ltd.
Pitfield, Milton Keynes, MK11 3LW, UK
UKHW022142190726
13855UKWH00003B/1288